Джон Мак-Артур

Сила принципиальности

Жизнь без компромиссов

Благая весть
Самара, 2025

УДК 242
ББК 86.376
М15

Цитаты из Писания приведены по Синодальному
переводу Библии, если не указано иначе

Мак-Артур, Джон

М15 Сила принципиальности: Жизнь без компромиссов / пер. с англ.
О. Калына — Самара: Благая весть, 2023. — 224 с.

Мы живем в обществе, которое в значительной мере отвергло моральные
нормы и христианские принципы. Ложные предвыборные обещания, обманчивая реклама, воровство и коррупция свидетельствуют о том, что компромисс
стал образом жизни. Такие моральные уступки проникли даже в церковь.
Столкнувшись с возможностью рассказать неверующим о Христе, мы поддаемся своему страху и молчим. Либо в разговорах на работе или в обществе мы пытаемся смягчить этические требования Слова Божьего, чтобы не быть
отвергнутыми. Слишком часто мы предпочитаем лицемерие принципиальности. Но Бог жаждет, чтобы Его люди поступали иначе. Чтобы мы были верны
Его стандартам любой ценой. Достижимо ли последовательное послушание
Богу – принципиальность – в этом мире греха и эгоизма? По милости и силе
Божьей – да! Пастор Джон Мак-Артур указывает путь к принципиальности во
Христе. Основываясь на библейских примерах благочестивых мужей, которые
во время суровых испытаний демонстрировали свою принципиальность, Мак-Артур приводит убедительные доводы в пользу того, какое влияние может оказать
на наш мир принципиальный человек.

TMAI Edition ISBN: 978-1-967358-17-5   **ББК 86.376**

The Master's Academy International E-mail:
publishing@tmai.org

Содержание

Вступление

Мы живём в мире компромисса — в обществе, которое отказалось от моральных стандартов и христианских принципов в пользу целесообразности или прагматизма. В основе этого лежит философия достижения цели любыми возможными средствами. Эта эгоцентричная точка зрения вооружилась девизом: «если что-то приносит желаемый результат, действуйте и дальше таким образом». Однако это неизбежно ведёт к компромиссу совести и убеждений. Поскольку в нашем обществе так распространён компромисс, можно сказать, что у нас больше нет общественной совести; поведение не определяется осознанием вины и раскаянием.

Политики, которые должны отстаивать высокие идеалы нашей страны, вместо этого ведут нас по пути компромисса. Они провозглашают высокие стандарты и идеалы перед выборами, но готовы ими поступиться, заняв кресло. То же касается и бизнеса — от руководителей компаний до продавцов; и судебной системы — от судей до адвокатов; спорта — от владельцев команд до спортсменов; — да и всех сфер жизни. В результате люди учатся обманывать, красть и скрывать правду — делать все необходимое, чтобы получить то, что они хотят. Таким образом, компромисс становится образом жизни.

К сожалению, философия и практика компромисса вошли и в церковь. Поскольку толерантность так высоко ценится в нашем обществе, церковь руководствуется подобными принципами для достижения неверующих. Многие церкви сейчас ищут способы проповедовать Евангелие людям, не оскорбляя их. Однако Евангелие по своей сути оскорбительно, поскольку ставит грешников перед фактом их греховности. Игнорируя это, многие церкви охотно идут на компромисс со Словом Божьим вместо того, чтобы твердо стоять на Евангелии, и предлагают миру его «разбавленную» версию, которая не способна никого изменить.

Мы видим, как дух компромисса непосредственно касается нашей собственной жизни в сфере личного общения. Имея возможность рассказать неверующим о Христе, вы промолчали из-за страха или неуверенности. Возможно, вы поступаетесь истиной Слова Божьего в каких-то этических вопросах на работе или перед своими соседями, и убедили себя, что такой компромисс необходим для поддержания вашей репутации как сотрудника или соседа. Тем не менее, ваше христианское свидетельство требует полной преданности Слову Божьему как наивысшему авторитету, независимо от того, какими могут быть последствия. Бог привлекает избранных в Царство через христиан, которые отделены от мира, которые проявляют истинную верность своей приверженностью и послушанием Божьим стандартам.

Но жить таким образом нелегко, поскольку мир противостоит нам. Роберт Спраул в своей книге «Как угодить Богу» описывает влияние, которое мир оказывает на нас:

> *Мир является соблазнителем. Он стремится всецело завладеть нашим вниманием и заставить нас всю свою верность отдать ему. Он так близко, он такой видимый, такой заманчивый. Мир заслоняет собой небеса. То, что видимо, изо всех сил стремится привлечь к себе все наше внимание. Видимое соблазняет наши глаза, чтобы мы не смотрели на*

более прекрасную страну, Создателем и Властелином которой является Бог. Видимое нам нравится, и большую часть времени, увы, мы живем так, чтобы угодить видимому миру. Отсюда и конфликт, ибо то, что угодно миру, редко может угодить Богу. Мы получили от Бога следующий призыв: «Не сообразуйтесь с веком сим» (Рим. 12:2). Но мир хочет, чтобы мы были активными его партнерами во всем. Нас уговаривают участвовать во всей полноте его жизни и дел. Мир давит и вынуждает нас принять в нем участие[1].

Церковь теперь настолько научилась идти на компромисс с миром, что забыла, как быть бескомпромиссной. Это происходит потому, что мы с готовностью принимаем мирские системы ценностей и потворствуем им до такой степени, что они становятся частью нас самих и наших стремлений. По сути, наши стандарты подменяют Божьи.

Писание призывает нас противостоять компромиссу. Во всей Библии Бог четко повелевает своему народу быть отделенными от мира.

Когда Бог создавал израильский народ, Он встроил в повседневную жизнь израильтян принцип отделения от мира. Их ежегодные религиозные обряды сохраняли их, как уникальный народ (Втор. 14:2), от уподобления язычникам.

Точно так же Бог призывает всех верующих в Него быть отделенными от мира (1 Пет. 2:9). Всякий раз, когда мы испытываем искушение пойти на компромисс, нам

---

[1] Спраул Р. Как угодить Богу. Санкт Петербург: Мирт, 2022, с. 44.

нужно только напомнить себе, что Бог никогда не пренебрегает Своими абсолютными истинами и принципами ради удобства. Он всегда живет согласно Своему Слову. Псалом 137:2 гласит: «Ты возвеличил слово Твое превыше всякого имени Твоего». Бог верен Своему Слову, и мы, как Его дети, должны быть подобными Ему.

Если вы считаете Слово Божье наивысшим авторитетом, это открывает путь для укрепления принципиальности, а не компромисса. Один из толковых словарей английского языка определяет *integrity* (принципиальность)[2], как «неуклонное соблюдение строгого морального или этического кодекса», «состояние устойчивости; здравости», а также как «качество или состояние целостности или неделимости; завершенность». Оно происходит от слова «*integer*», что означает «цельный» или «полный». Принципиальность, по сути, означает верность своим этическим нормам, в нашем случае — стандартам Бога. Синонимы этого слова — честность, искренность, неподкупность. Все это определяет человека без лицемерия или двуличия, живущего в соответствии с теми убеждениями, которые он исповедует. А тот, кому недостает принципиальности, кто говорит одно, а делает иное, — это лицемер.

---

[2] Следует отметить, что у английского слова *integrity*, которое в этой книге переводится как «принципиальность», не существует формального эквивалента в русском языке. То есть *integrity* по своему смыслу всегда шире, чем его возможный перевод. Спектр значения этого слова делится на две категории: (1) то, что можно отнести к физическим свойствам объекта – целостность, монолитность, прочность; (2) то, что можно отнести к моральным качествам человека – непорочность, честность, неподкупность, достоверность, прямота, чистота, нравственность, непротиворечивость, согласованность и т.п. Нам показалось, что вариант принципиальность, при всех своих недостатках, является наиболее подходящим для этой книги – *Прим. ред.*

Более всего принципиальность важна для руководства церкви, потому что духовный лидер должен своей неизменной принципиальностью подавать благочестивый пример для подражания. И все же в руководстве церквей есть много людей, которым не хватает принципиальности, и поэтому они заслуженно называются лицемерами.

Наш Господь не терпит таких людей. Книжники и фарисеи нередко были мишенью суровых обличений Христа за их лицемерие. О них Он сказал: «Ибо они говорят, и не делают…» (Мф. 23:3). Отсутствие принципиальности проявлялось в том, что они предписывали людям одни нравственные правила, а в своей жизни руководствовались иными. Несколько раз провозгласив в их адрес «Горе вам…!», Иисус напоследок упрекнул их: «Змии, порождения ехиднины! как убежите вы от осуждения в геенну?» (ст. 33).

Но принципиальному человеку Бог обещает благословение. Когда Соломон закончил строить храм Господень, Господь явился ему и сказал:

И сказал ему Господь: «Я услышал молитву твою и прошение твое, о чем ты просил Меня. Я освятил сей храм, который ты построил, чтобы пребывать имени Моему там вовек; и будут очи Мои и сердце Мое там во все дни. И если ты будешь ходить пред лицом Моим, как ходил отец твой Давид, в чистоте сердца и в правоте, исполняя все, что Я заповедал тебе, и если будешь хранить уставы Мои и законы Мои, то Я поставлю царский престол твой над Израилем вовек, как Я сказал отцу твоему Давиду», говоря: „не прекратится у тебя сидящий на престоле Израилевом“» (3 Цар. 9:3-5).

Вывод прост: те, чья жизнь характеризуется библейской принципиальностью, будут благословлены Богом; в противном случае – будут прокляты, особенно если они занимают положение духовного лидера.

Принципиальность необходима для того, чтобы верующие могли быть представителями Бога и Христа в этом мире. Все, что «не дотягивает» до полной преданности нашему Господу, как в характере, так и в поведении, считается компромиссом с миром. Благонамеренные христиане часто совершают ошибку, когда заходят слишком далеко в другом направлении – придерживаться библейского кодекса поведения без надлежащей внутренней мотивации. Это тоже лицемерие. Как культивировать принципиальность в жизни, руководствуясь праведными побуждениями? Это вопрос, которому посвящена данная книга.

В первой части будут рассмотрены составляющие для развития этой мотивации. Среди них я отмечаю глубокое желание познавать Христа, приверженность Божьему Слову, как наивысшему руководству и желание жить благочестивой жизнью. Мы рассмотрим каждую составляющую в первых трех главах книги.

Во втором разделе мы рассмотрим несколько библейских примеров из жизни благочестивых людей, принципиальность которых подвергалась проверке. Книга Даниила предоставит Ветхозаветные примеры бескомпромиссной реакции Даниила и его друзей в ответ на искушение со стороны мирских людей отступить от Бога. Пример из Нового Завета взят из жизни апостола Павла. На протяжении всего своего служения он подвергался многочисленным нападкам на его характер. Во Втором послании к коринфянам он отвечает на эти нападки, представляя образец принципиальной жизни.

Заключительный раздел покажет, как можно жить принципиально. Поскольку крайне важно избегать лицемерия, в первой главе данного раздела мы рассмотрим, как дисциплинированные усилия с вашей стороны в сочетании с полной зависимостью от Бога являются ключом к преодолению искушения вести лицемерный образ жизни. В последних трех главах будет подробно рассказано о том, как вы можете активно взращивать принципиальность, исследуя свои обязанности перед Богом, перед собой и перед другими — как верующими, так и неверующими.

В конечном итоге цель этой книги состоит в том, чтобы вы могли вместе с Давидом повторить: «Господи! кто может пребывать в жилище Твоем? кто может обитать на святой горе Твоей? Тот, кто ходит непорочно, и делает правду, и говорит истину в сердце своем» (Пс. 14:1-2).

ПРИРОДА
ПРИНЦИПИАЛЬНОСТИ

1

НЕПРЕВЗОЙДЕННАЯ ЦЕННОСТЬ

Бескомпромиссный дух олимпийского спринтера из Шотландии Эрика Лидделла прославился благодаря отмеченному наградами фильму «Огненные колесницы». В течение нескольких месяцев Лидделл тренировался, чтобы пробежать стометровую дистанцию на Олимпийских играх в Париже в 1924 году. Спортивные обозреватели по всей Британии предсказывали, что он победит. Но когда стало известно расписание состязаний, Лидделл обнаружил, что забеги на его дистанции назначены на воскресенье. Поскольку он считал, что его участие в соревнованиях в воскресный день не послужит к славе Божьей, то отказался от забега.

Поклонники Эрика были ошеломлены. Некоторые из тех, кто ранее превозносил его, назвали его дураком. Однако он твердо стоял на своем. Профессор Нил Кэмпбелл, тренировавшийся вместе с Лидделлом, так описывает принятое им решение:

Лидделл был последним человеком, который сделал бы это, чтобы привлечь внимание к своей личности.

15

Он просто сказал: «Я не бегаю по воскресеньям». Вот и все. И он был бы очень расстроен, если бы кто-то обратил на это слишком много внимания. Мы считали, что это было частью его характера, и многие спортсмены были потрясены этим. Они чувствовали, что перед ними стоит человек, который был готов следовать своим убеждениям, не мешая другим и не осуждая их решения[3].

В отличие от версии фильма, которая поступается исторической достоверностью в угоду художественному замыслу, Лидделл знал о графике забегов за несколько месяцев до Олимпиады. Он также отказался участвовать в эстафетах 4х100 и 4х400, потому что они также должны были состояться в воскресенье. Поскольку он был таким популярным спортсменом, Британский Олимпийский Комитет предложил ему начать тренировки в беге на дистанцию 400 метров, на которой он хорошо выступал раньше, но никогда не рассматривал всерьез. Он решил потренироваться и обнаружил, что эта дистанция очень подходила для него. Его жена, Флоренс, высказалась о его решении так: «Эрик всегда говорил, что для него было очень важно остаться верным своим принципам, отказавшись бежать стометровую дистанцию, и понять что 400 метров — это его дистанция. В противном случае он так и не узнал бы об этом»[4].

Лидделл выиграл забег на 400 метров и установил мировой рекорд. Бог воздал ему за его бескомпромиссный дух. Но какое качество души Эрика Лидделла дало ему

---

[3] Sally Magnuson, *The Flying Scotsman* (New York: Quartet, 1981), 40.
[4] Там же, 45.

решимость твердо стоять на своем решении, несмотря на давление со стороны властей и прессы? Создатели фильма «Огненные колесницы» неосознанно дают ответ в сцене попытки британских олимпийских властей изменить мнение Лидделла о беге на 100 метров. После того, как они потерпели в этом неудачу, один из мужчин заметил: «Этот парень… по-настоящему принципиальный человек и выдающийся спортсмен. Его скорость – это проявление силы его убеждений. Мы безуспешно пытались отделить его спортивный талант от него самого». Несмотря на то, что журналист ничего не сказал о Боге, он все же был прав. Жизнь христианина неотделима от его веры в Бога. Попытаться отделить убеждения от дел – означает разрушить саму её суть.

Вот откуда берет свое начало сила принципиальности. Только в том случае, если источник нашей жизни – в наших взаимоотношениях с Христом, мы можем надеяться жить как Он, страдать как Он, противостоять невзгодам как Он и умирать как Он, – без компромиссов.

Душа и сердце христианства – наши отношения с Христом. Наше спасение начинается с Него, наше освящение прогрессирует вместе с Ним и наше прославление завершается в Нём. Мы существуем лишь благодаря Ему, и потому Он для нас дороже всего на свете.

Апостол Павел хорошо знал, что в центре христианской жизни стоит возрастание в глубоком познании Христа. Вот почему он сказал: «Да и все почитаю тщетою ради превосходства познания Христа Иисуса, Господа моего: для Него я от всего отказался, и все почитаю за сор, чтобы приобрести Христа» (Флп. 3:8). Это было его желанием и его «целью» (ст. 14).

Что он почитал «за сор»? Все, что было исключительно ценным в религии праведности по делам, которой служил Павел до того как познал Христа. Он был «обрезанный в восьмой день, из рода Израилева, колена Вениаминова, еврей от евреев, по учению – фарисей, по ревности – гонитель Церкви Божией, по правде законной – непорочный. (ст. 5-6). Согласно общепринятой религиозной мудрости своего времени, Павел следовал правильным обрядам, был представителем правильной национальности и рода, придерживался правильных традиций, служил правильной религии с необходимым усердием и исполнял правильный закон с самодовольным рвением.

Но однажды, отправившись в путь, чтобы продолжить гонения на христиан, Павел встретил Иисуса Христа (Деян. 9). Он увидел Христа во всей Его славе и величии и понял, что все, что он считал ценным, бесполезно. Поэтому он говорит: «Но что для меня было преимуществом, то ради Христа я почел тщетою. Да и все почитаю тщетою ради превосходства познания Христа Иисуса, Господа моего: для Него я от всего отказался, и все почитаю за сор, чтобы приобрести Христа» (ст. 7-8). По мнению Павла, его сбережения превратились в убытки – до такой степени, что он считал их мусором. Почему? Потому что они не могли произвести то, чего он ожидал – праведность, силу или терпение. И они не могли привести его к вечной жизни и славе. Поэтому Павел отказался от всех своих религиозных сокровищ ради драгоценной возможности глубокого и близкого познания Христа.

В этом и заключается суть спасения – обмен чего-то бесполезного на что-то ценное. Иисус проиллюстрировал этот обмен таким образом: «Еще подобно Царство

Небесное сокровищу, скрытому на поле, которое, найдя, человек утаил, и от радости о нем идет и продает все, что имеет, и покупает поле то. Еще подобно Царство Небесное купцу, ищущему хороших жемчужин, который, найдя одну драгоценную жемчужину, пошел и продал все, что имел, и купил ее» (Мф. 13:44-46). Эти двое нашли нечто гораздо более ценное, чем то, что им принадлежало. Для них решение было легким: продать все, что они считали ценным, и приобрести то, что имеет подлинную ценность.

Именно это происходит с теми, кого Бог избирает, чтобы привести в Свое Царство. Человек, который приходит к Богу, готов отдать все, что Он потребует, невзирая на цену. Столкнувшись со своим грехом в свете славы Христа – когда Бог открывает ему глаза – раскаявшийся грешник внезапно осознает, не стоит держаться ни за что из того, чем он дорожил прежде, если это приведет к потере Христа.

Иисус Христос – наше сокровище и наша жемчужина. В какой-то момент нашей жизни мы обнаружили, что Он был гораздо ценнее всего, что у нас было – будь то имущество, слава или мечты. Все это стало бесполезным по сравнению с Христом. Поэтому мы отбросили все это и обратились к Нему, как к нашему Спасителю и Господу. Наша привязанность к Нему превосходит все прочие. Отныне мы желаем только того, чтобы знать Его, любить Его, служить Ему, повиноваться Ему и быть подобным Ему.

Это действительно так? Есть ли в вашей жизни что-нибудь, что соперничает с Христом? Есть ли в этом мире что-нибудь, что претендует на вашу верность, преданность и любовь больше, чем Он? Вы все еще стремитесь познавать Его так же сильно, как тогда, когда впервые познали радость спасения? Если нет, то вы пошли на компромисс в своих отношениях с Ним и стали довольствоваться тщетой этого мира. Вот в чем опасность компромисса.

Если вы не позаботитесь о том, чтобы сохранить и защитить сокровище ваших отношений со Христом, то энтузиазм и преданность ваших первых дней с Иисусом могут медленно превратиться в самодовольство и безразличие. В конце концов, холодная ортодоксальность заменяет любящее послушание, что приведет к лицемерной жизни, которая идет на компромисс с грехом.

К счастью, Бог дал нам все необходимое в Своем Слове для борьбы с нашей склонностью ко греху и для восстановления отношений с Христом. Апостол Павел показывает нам, как это сделать, напоминая, что мы приобрели, когда обменяли мусор этого мира на Христа. У нас есть преимущества новой жизни и новых отношений.

Новая жизнь

Когда Бог привел вас в Свое Царство, Он полностью преобразил вас. Вы стали «новым творением; древнее прошло, теперь все новое» (2 Кор. 5:17). Вы не просто получили что-то новое – вы стали кем-то новым. Павел сказал: «и уже не я живу, но живет во мне Христос. А что ныне живу во плоти, то живу верою в Сына Божия, возлюбившего меня и предавшего Себя за меня» (Гал. 2:19-20).

Эта новая природа не дополняет старую, а заменяет ее – происходит преображение. Преображенный человек – совершенно новое творение. В отличие от прежней привязанности к злу, новое «я» – самая глубинная и истинная сущность христианина – теперь любит закон Божий, жаждет выполнить его праведные требования, ненавидит грех желает избавления от неискупленной плоти, в которой тот все еще гнездится. Грех больше не контролирует вас, как когда-то, но он все еще соблазняет вас покориться ему, а не Господу.

Хорошо зная, что грех производит искушения, Павел в своем обращении к христианам в Ефесе объяснял им сущность их новой природы. Сопоставляя образ жизни нечестивого человека с образом жизни духовного христианина, он стремился показать, что измененная природа требует изменения поведения. В 4:17-19 Павел описывает прежний греховный образ жизни, которого мы все придерживались: «Посему я говорю и заклинаю Господом, чтобы вы более не поступали, как поступают прочие народы, по суетности ума своего, будучи помрачены в разуме, отчуждены от жизни Божией, по причине их невежества и ожесточения сердца их. Они, дойдя до бесчувствия, предались распутству так, что делают всякую нечистоту с ненасытностью». Слова «прочие народы» применимы ко всем безбожным невозрожденным язычникам. Подобно церкви в наше время, церкви в Ефесе и почти везде за пределами Палестины, были окружены язычеством и сопутствующей ему безнравственностью.

Сосредоточенность на Христе

Верующим, которых грех вновь тянул в свои сети, Павел пишет: «Но вы не так познали Христа» (Еф. 4:20). Фраза «познать Христа» прямо указывает на спасение. Всякий, кто исповедует веру во Христа, не должен иметь ничего общего с путями мира, будь то участие или общение. Иакова 4:4 гласит: «дружба с миром есть вражда против Бога». Пути Бога и пути мира несовместимы. Любое отождествление с этим развращенным миром, по сути, является компромиссом в наших отношениях с Христом. Сама цель принятия Христа состоит в том, чтобы спастись «от рода сего развращенного» (Деян. 2:40), и никто не спасется, если не покается и не оставит грех. Держаться за грех – значит отвергать Бога, пренебрегать Его благодатью и сводить на нет свою веру.

Прежде всего, как христиане, мы должны научиться не доверять нашему собственному мышлению и не полагаться на собственные инстинкты. Теперь у нас есть ум Христов (1 Кор. 2:16), и это единственный разум, на который мы можем положиться. Если мы верны и послушны нашему Господу, мы будем думать как Он, поступать как Он, любить как Он так, «чтобы мы, бодрствуем ли, или спим, жили вместе с Ним» (1 Фес. 5:10).

Чтобы продемонстрировать преобразующую природу возрождения, Павел описывает и определяет неотъемлемые реалии нашей новой жизни во Христе. Это не увещевания, это напоминание о том, что произошло в момент обращения.

Отложите ветхого человека

Павел пишет: «отложить прежний образ жизни ветхого человека, истлевающего в обольстительных похотях...» (Еф. 4:22). В отличие от невозрожденного человека, который постоянно сопротивляется и отвергает Бога, христианин слышит призыв «отложить в сторону старое „я"». Использованный здесь глагол означает «снять», как будто вы снимаете грязную одежду. Форма глагола указывает на то, что это действие происходит раз и навсегда в момент спасения.

Термин «Ветхий человек» определяет состояние верующих до их обращения, которое Павел описывает как «истлевающего в обольстительных похотях». Евангелие призывает отложить это старое «я» в покаянии. Это включает в себя не только сожаление о содеянных грехах, но обращение от греха к Богу.

Облекитесь в нового человека

Откладывая в сторону ветхое «я», мы заменяем его чем-то новым: «обновиться духом ума вашего и облечься в нового человека, созданного по Богу, в праведности и святости истины» (Еф. 4:23-24). Колоссянам 3 и Римлянам 6 характеризуют эту перемену как союз с Иисусом Христом в Его смерти и воскресении. Можно также определить это как смерть старого «я» и воскресение нового «я», человека, который теперь ходит в «обновленной жизни». Наш союз с Христом и наша новая сущность свидетельствуют о том, что спасение – это преображение.

Наше спасение также изменяет наш образ мыслей: «обновиться духом ума вашего». Форма глагола в этом выражении <u>соответствует</u> форме основного глагола «облечься». Это означает, что обновление нашего ума происходит, когда мы откладываем свое старое, чтобы облечься в новое.

Когда вы стали христианином, Бог сразу же обновил ваш ум и даровал вам совершенно новые духовные и моральные способности. Это обновление продолжается в течение всей вашей жизни, в то время как вы подчиняетесь воле Бога и Его Слову (Рим. 12:1-2). Это не единичное достижение, но постоянная работа Божьего Духа в вас (Титу 3:5). В процессе этих изменений вы находите поддержку в Слове Божьем и молитве. Таким образом вы приобретаете «ум Христов» (Кол. 3:16).

Ваш «новый человек» был создан «по Богу, в праведности и святости истины» (Еф. 4:24). Там, где прежде была тьма, теперь воссиял свет, просвещение истиной; там нет места греху, но царят чистота и великодушие. Некогда порабощенные злом и грехом, мы теперь исполнены «праведностью и святостью». Апостол Петр говорит, что мы стали «соделались причастниками Божеского естества» (2 Пет. 1:4). Новая природа каждого христианина – святой и праведный «внутренний человек», в котором может обитать Бог. Это истинное «я» верующего.

Заставить это новое «я», новое творение унизиться до компромиссов – величайшая несправедливость, которую мы можем сделать по отношению к Богу. Он спас нас, преобразил нас, дал нам новую природу и обновил наш разум. Наша новая природа сделала нас способными жить честной жизнью. Необходимо осознать эту важную составляющую вашего спасения, чтобы начать строить жизнь без компромиссов.

Новые отношения

Другой жизненно важный аспект вашего спасения – ваши новые отношения с Иисусом Христом. Вы должны ценить эти отношения выше любых других. На то есть две важные причины: возможность близкого общения с вашим Господом и Спасителем, и удивительные преимущества, которые может принести этот союз.

Близкое общение

Как мы уже отметили выше, апостол Павел в жизни все считал «тщетою ради превосходства познания Христа Иисуса» (Флп. 3:8). Речь идет не просто об интеллектуальных познаниях о Христе. Павел использует здесь греческий глагол *ginōskō*, что означает знать «на опыте» или «лично».

В послании к Ефесянам Павел учил, что одна из задач церкви – воспитание людей в «познании Сына Божия» (4:13). Использованное здесь слово «познание»,
в оригинале *epignōsis*, что означает знание всеобъемлющее,
правильное и точное. Именно об этом знании Иисус сказал: «Овцы Мои слушаются голоса Моего, и Я знаю
их» (Ин. 10:27). Он имел в виду, что не просто знаком
с ними, но знает их очень близко и глубоко, и ожидает
от Своих, чтобы они знали Его точно так же. Павел желает, чтобы каждый верующий глубже познавал Христа,
выстраивая отношения с Ним в молитве, исследовании
Слова Божьего и послушании ему.

В своем комментарии Ф. Б. Майер описывает наши
отношение с Христом следующим образом:

*Мы можем знать Его лично, близко, лицом к лицу.
Христос не живет в далеком прошлом, Он не вита-
ет в облаках. Он рядом с нами и знает обо всех наших переживаниях. Мы можем познать Его в этой
земной жизни, благодаря просвещению и учению Святого Духа ... и мы, безусловно, должны знать Христа,
но не как незнакомца, который приходит навестить нас время от времени или как недостижимо-
го Царя. Мы можем обладать таким знанием как те,
кого Он считает своими близкими друзьями, с которыми Он делится Своими секретами и разделяет
Свой хлеб.*

*Познать Христа во время битвы; знать Его в доли-
не тени смертной; знать Его, когда солнечный свет
освещает наши лица или когда они омрачены разо-
чарованием и печалью; знать сладость Его обращения с надломленной тростью и курящимся льном;*

*знать нежность Его сочувствия и силу Его правой
руки – в каких бы обстоятельствах мы не находи-
лись, чтобы бы мы не испытывали, в каждой ситуации, подобно граням алмаза, знание Христа будет
отражать красоту Его славы под новым углом*[5].

Вот что значит близко знать Христа. Мы глубже и глубже познаем Христа на протяжении нашей жизни, и это
познание завершится только при встрече с Ним лицом
к лицу.

Благотворный союз

Вдобавок к личному общению, которое имеет верующий
в союзе с Христом, он получает несколько важных преимуществ.

ПРАВЕДНОСТЬ ХРИСТА. Павел желал «найтись в Нем
не со своею праведностью, которая от закона, но с тою,
которая через веру во Христа, с праведностью от Бога по
вере...» (Флп. 3:9). Знать Христа – значит приобрести
Его праведность, Его святость и Его добродетель, которые делают нас праведными перед Богом.

С юных лет Павел пытался достичь спасения через
строгое соблюдение Закона. Но встретившись лицом
к лицу с удивительной реальностью Христа, он был готов
обменять самоправедность, добрые дела и религиозные
обряды на праведность, дарованную ему через веру в Иисуса Христа. Павел охотно сбросил обветшавшие ризы собственных заслуг ради того, чтобы получить великолепную
и нетленную одежду праведности Христа. Это вели-
чайшее из всех преимуществ, потому что оно утверждает

---

[5] *The Epistle to the Philippians* (Grand Rapids, Mich.: Baker, 1952), 162–163.

наше положение пред Богом. Это Божий дар грешнику через веру в подвиг Христа, защитивший его перед праведным Божиим судом.

СИЛА ХРИСТА. Хотя праведность Христа освобождает нас от наказания за грех, мы постоянно подвергаемся искушениям. К счастью, Христос готов дать нам силу для ежедневной победы над грехом. Чтобы не было никаких сомнений в том, что Его силы достаточно, Павел говорит, что это «сила Его воскресения» (Флп. 3:10).

Воскресение Христа более всего продемонстрировало миру Его могущество. Его восстание из мертвых показало, что Он владычествует как над физическим, так и над духовным миром. Эту силу Павел желал познать, поскольку осознавал собственную беспомощность в борьбе с грехом. Самоправедность не дала ему ничего, кроме осознания неспособности справиться с грехом.

Сила воскресения Христова справляется с грехом двумя способами. Во-первых, как говорилось ранее, мы переживаем силу Его воскресения при спасении. Мы были погребены с Христом в Его смерти, и воскресли с Ним, чтобы «ходить в обновленной жизни» (Рим. 6:4). Но для ежедневной победы над грехом нужно постоянно прибегать к силе Его воскресения. Нам нужна Его сила, чтобы верно служить Ему, побеждать искушения, преодолевать испытания и смело благовествовать. Мы хотим ощутить силу Христа до такой степени, чтобы понять, что Он «действующею в нас силою может сделать несравненно больше всего, чего мы просим, или о чем помышляем…» (Еф. 3:20). Когда мы созидаем взаимоотношения с Христом и укрепляемся Его силой, мы обретаем победу над грехом. Это единственный способ обретения принципиальности в жизни.

ОБЩЕНИЕ СО ХРИСТОМ. Сила Христа поддерживает нас в нашей непрестанной борьбе с грехом, Но у нас есть еще одна проблема: страдания, которые являются неотъемлемой частью нашей жизни. Поскольку мы живем в мире, полном боли и скорбей, так или иначе нам их не избежать. К кому же нам идти за утешением? Павел говорит, что ответ заключается в наших отношениях со Христом, потому что мы можем испытать «участие в страданиях Его, сообразуясь смерти Его…» (Флп. 3:10).

Когда мы страдаем, Христос рядом с нами, чтобы утешить нас в скорби. Павел сказал во Втором послании к коринфянам: «Ибо по мере, как умножаются в нас страдания Христовы, умножается Христом и утешение наше» (2 Кор. 1:5). Он испытал ни с чем не сравнимые страдания, и потому способен утешить нас. Христос был отвергнут народом, претерпел презрение со стороны религиозных лидеров, издевательства римских солдат, и, наконец, мучительную крестную смерть. Более того, во время Своих страданий Он ничем не согрешил. Он ни в чем не пошел против Божьего закона или Божьего плана спасения, пытаясь облегчить Свои страдания.

Истинным критерием вашего характера является ваша реакция на наиболее тяжелые страдания и гонения. Когда уже нет сил терпеть, велико искушение впасть в недовольство и обвинять во всем Бога. В дни жестоких гонений очень легко пойти на компромисс со своей верой. Но подобная реакция лишает вас драгоценных возможностей, дарованных вам. Ведь именно в тяжелых страданиях мы переживаем мгновения самого глубокого общения с живым Христом. Страдания всегда ведут нас ко Христу, поскольку мы обретаем в Нем милосердного первосвященника, который сострадает нам «в немощах наших» (Евр. 4:15) и «как Сам Он претерпел, быв искушен, то может и искушаемым помочь» (2:18). Нужно рассматривать страдания как возможность получить благословение от Христа, находя утешение в общении с Ним.

СЛАВА ХРИСТА. Последнее преимущество новых отношений с Христом ожидает нас в будущем. Павел надеется «достигнуть воскресения мертвых» (Флп. 3:11). Павел имеет в виду день восхищения Церкви, когда Христос вернется, чтобы взять Своих. Тогда мы преобразимся и навсегда будем свободны от греха. Мы с нетерпением ждем этого дня, потому что «наше же жительство – на небесах, откуда мы ожидаем и Спасителя, Господа нашего Иисуса Христа, Который уничиженное тело наше преобразит так, что оно будет сообразно славному телу Его, силою, [которою] Он действует и покоряет Себе все» (ст. 20-21).

Все мы жаждем, чтобы пришел этот час. В тот день наше спасение будет полностью завершено. Но пока мы живем в этом мире, твердо зная, что наш дом на небесах. Это помогает нам жить в настоящем, потому что «всякий, имеющий сию надежду на Него, очищает себя так, как Он чист» (1 Ин. 3:3). Лучший способ быть принципиальным и избежать компромисса – сосредоточить свой взор на Христе. и полностью передать в Его руки управление нашей жизнью, чтобы Он провел вас через самые сильные бури.

Итог главы

Сердце и душа христианства – это отношения верующего со Христом. Это и есть необходимая отправная точка для построения принципиальной жизни.

Начало (выберите что-то одно)

• Составьте список вещей, которые вы действительно цените. Что бы вы взяли с собой, например, если бы знали, что к вашему дому быстро приближается торнадо? Потом разделите ваш список на две категории: материальные ценности и личные отношения. Какая категория перевесит другую?

• Если вы пересаживаете в вашем дворе на место засохшего дерева или куста новый, что вы обычно делаете со старым растением? Есть ли сколько-нибудь объяснимая причина для прививки старой ветви к молодому дереву?

Ответьте на вопросы

• Что считается сердцем и душой христианства? Объясните ответ.

• Что и почему ценил Павел перед своей встречей с Христом по дороге в Дамаск? Как изменилось его мнение после этой встречи?

• Объясните перемены, которые происходят в момент спасения. Что происходит с ветхой природой верующего?

• Какие изменения в образе жизни верующего должны произойти после его обращения? Почему?

• Какое влияние оказывает спасение на образ мыслей человека?

• Объясните, что означает фраза «познавать Христа».

• Что является самым большим преимуществом верующего, которое он получает в момент своего спасения? Объясните.

• Объясните, как знание о воскресении Христа помогает верующему в ежедневной борьбе с грехом.

• Каким образом страдания и гонения приносят пользу верующему?

Фокусируясь на молитве...

• Просите Бога обратить ваше внимание на те сферы взаимоотношений с Христом, в которых вам нужно возрастать. По мере того, как Он будет открывать их, просите, чтобы Бог показывал вам, как вы можете применять конкретные истины в повседневной жизни.

• Просите Господа, чтобы Он указывал вам, где вы склонны к мирским приоритетам и компромиссу с Его истиной. Когда Он это будет делать, просите Его руководства в том, чтобы вы могли побеждать эти склонности.

Применяя истину...

Прочтите Колоссянам 3:1-17 Составьте список слов или фраз из этого текста, которые говорят о преобразовании или обновлении. Напротив каждой из них напишите, как должно измениться поведение в результате такого преобразования Поставьте себе целью достигать таких изменений в поведении, чтобы ваша жизнь в большей мере отражала ваше посвящение Христу.

2

ДОКТРИНАЛЬНАЯ ПРИНЦИПИАЛЬНОСТЬ

Старая поговорка гласит: «Каждому человеку есть своя цена». Так ли это? Правда ли, что мы придерживаемся своих духовных принципов лишь до тех пор, пока они не вступают в конфликт с новыми целями и желаниями? Готовы ли мы поступиться нашими желаниями ради своих убеждений?

История церкви хранит множество примеров людей, которые отказывались идти на компромисс и поступаться библейскими принципами. Когда Мартин Лютер предстал перед рейхстагом в Вормсе, его поставили перед выбором: отречься от своего учения или расстаться с жизнью. Но он не отрекся от Христа. Два английских реформатора, Хью Латимер и Николас Ридли были сожжены на костре за свою веру во Христа. Они стали живым примером того, что есть люди, которых нельзя купить ни за какую цену.

Цена компромисса

В наше время церковь испытывает нехватку людей, которые не идут на компромисс с библейскими принципами.

Многие называющие себя христианами хвалятся своими нравственными стандартами и превозносят свою праведность, но с готовностью пренебрегают своими убеждениями, когда компромисс приносит выгоду или помогает достичь цели. Возможно, вам знакомы следующие ситуации:

• *Люди говорят, что они верят в Библию, но продолжают посещать церковь, где Библия не проповедуется.*

• *Люди соглашаются с тем, что грех должен быть наказан, но лишь до того случая, когда этот грех совершат их дети.*

• *Люди высказываются против нечестности и коррупции до тех пор, пока им не приходится противостать своему начальнику, рискуя потерять работу.*

• *Люди придерживаются высоких моральных стандартов до тех пор, пока их похоти не распалятся отношениями, которые противоречат Писанию.*

• *Люди честны до тех пор, пока маленькая нечестность не пойдет на пользу их кошельку.*

• *Люди придерживаются своих убеждений до тех пор, пока их не придется отстаивать перед тем, кем они восхищаются или кого боятся.*

К сожалению, из исключений стали правилом. Но не думайте, что одни лишь христиане двадцатого века стали специалистами в искусстве компромисса. В Писании мы встречаем многих людей, которые пошли на компромисс, среди них есть и некоторые избранные Божьи слуги:

• *Адам пошел на компромисс с Божьей заповедью, вслед за своей женой впал в грех и потерял рай (Быт. 3:6, 22-24).*

- *Авраам пошел на компромисс с истиной, солгав о том, что связывало его с Сарой, и почти потерял свою жену (Быт. 12:10-12).*

- *Сара пошла на компромисс со Словом Бога и послала Авраама к Агари, после чего родился Измаил. Вследствие этого был разрушен мир на Ближнем Востоке. (Быт. 16:1-4, 11-12).*

- *Моисей пошел на компромисс с повелением Бога и утратил привилегию войти в Землю Обетованную (Чис. 20:7-12).*

- *Самсон пошел на компромисс с клятвой назорея и потерял силу, зрение и жизнь (Суд. 16:4-6, 16-31).*

- *Израиль пошел на компромисс с заповедями Господа, жил в грехе и однажды в сражении с филистимлянами потерял Ковчег Божий (1 Цар. 4:11). Он также пошел на компромисс с законом Божьим, впал в грех идолопоклонства и потерял свою землю (2 Пар. 36:14-17).*

- *Саул пошел на компромисс с Божьим словом, когда не уничтожил заклятое имущество врагов, оставив лучших животных, за что и потерял свое царство (1 Цар. 15:3, 20-28).*

- *Давид нарушил Божий стандарт, совершив прелюбодеяние с Вирсавией и убив Урию, и потерял своего новорожденного сына (2 Цар. 11:1-12:23).*

- *Соломон пошел на компромисс со своими убеждениями, взяв в жены чужеземок, и потерял единство в своем царстве (3 Цар. 11:1-8).*

- *Иуда оценил свою преданность Господу в тридцать сребреников, и поплатился за это вечной разлукой с Христом (Мф. 26:20-25, 47-49; 27:1-5; ср. Ин. 17:12).*

- *Петр пошел на компромисс со своими убеждениями о Христе, отрекся от Него и утратил радость (Мк. 14:66-72). Позже он поступился истиной, чтобы*

получить признание со стороны иудействующих, и потерял свободу (Гал. 2:11-14).
* *Анания и Сапфира покривили душой в вопросе пожертвования, солгали Святому Духу и потеряли свою жизнь (Деян. 5:1-11).*

Из этих примеров можно сделать два важных вывода. Во-первых, в каждом случае следствием компромисса была потеря чего-то ценного в погоне за чем-то временным и не приносящим удовлетворения, за каким-то греховным желанием. Этот вывод полностью противоположен тому, что мы сделали в первой главе. Там мы узнали, что вы получаете нечто ценное (ваше спасение и отношения с Христом) в обмен на что-то бесполезное (ваш грех и самоправедность).

Во-вторых, обратите внимание на то, с чем пошли на компромисс люди в каждом из этих примеров: Слово Божье, заповедь от Бога или убеждение о Боге. Таким образом, истинная цена компромисса – это отвержение Слова Божьего, что равносильно восстанию против Него и провозглашению себя самого авторитетом в последней инстанции.

Именно так обстоят сегодня дела во многих церквях. Даже в тех из них, которые когда-то были действительно евангельскими, где Библия была божественным стандартом для веры и жизни, Слово Божье теперь стало объектом компромиссов. Порой там игнорируют значение его бесспорных истин или отодвигают его на место второстепенного источника авторитета. Во многих церквях, которые когда-то проповедовали здравое учение, ныне зло, которое Бог открыто и неоднократно осуждает, преподносится как что-то приемлемое. Там часто пытаются заново истолковать Писание таким образом, чтобы приспособить его к этим антибиблейским взглядам. Прагматизм у руля, а приверженность библейской истине заклеймили как плохую маркетинговую стратегию.

Дело в том, что люди довольны небиблейскими представлениями, которые позволяют им чувствовать себя комфортнее и оправдывают или игнорируют их грехи. Они торопятся отвергнуть за «недостаточность любви» каждого, кто осмелился призвать их к ответу за доктринальные убеждения и моральные нормы, которые они считают устаревшими и неактуальными.

Сегодня церковь полна «духовных младенцев», «колеблющихся и увлекающихся всяким ветром учения, по лукавству человеков, по хитрому искусству обольщения» (Еф. 4:14), представляющих собой полную противоположность духовно зрелым христианам. «Духовные младенцы» находятся в постоянной опасности стать жертвой любого нового религиозного тренда. Не будучи утвержденными в Божьей истине, они уязвимы для любой подделки под истину — гуманистической, культовой, языческой, бесовской и т. д. Нередко в современном обществе семьи во всем идут на поводу у своих детей, и то же самое происходит во многих церквах. Как печально, когда незрелые верующие в церкви занимают место среди самых влиятельных ее учителей и руководителей.

На защите истины

В чем проблема? Несомненно, вина в первую очередь лежит на руководстве — как на пасторах, так и на лидерах из числа прихожан, чья обязанность — учить, направлять и защищать народ Божий. Павел предупреждал пресвитеров

Ефеса: «Ибо я знаю, что, по отшествии моем, войдут к вам лютые волки, не щадящие стада; и из вас самих восстанут люди, которые будут говорить превратно, дабы увлечь учеников за собою» (Деян. 20:29-30). Лжеучители в церкви – это реальность жизни, но руководство церкви должно быть начеку.

Но никто не снимает ответственности и с обычных членов церкви. Им точно так же доступно Слово Божие, и они не могут слепо следовать своему духовному руководству. Укорененные и утвержденные в Божьем Слове способны отличить истину от заблуждения. Таким образом ради собственного духовного благополучия они должны наблюдать за тем, чтобы их лидеры соответствовали требованиям Писания.

Все верующие должны стоять на страже истины. Павел сказал о преимуществах Израиля: «Итак, какое преимущество быть Иудеем, или какая польза от обрезания? Великое преимущество во всех отношениях, а наипаче в том, что им вверено слово Божие» (Рим. 3:1-2). Основным даром Бога Израилю было Его Слово. Церковь находится в том же положении, потому что Он доверил нам оберегать и распространять Его истину.

Единство и доктринальная принципиальность

Для того, чтобы церковь могла соответствовать Божьему стандарту в этом мире, верующие должны стать приверженными доктринальной целостности. Апостол Павел утверждал это, когда сказал, что одной из ролей пастора-учителя было созидание «... тела Христова; пока все мы не достигнем единства веры» (Еф. 4:12-13). Под «верой» Павел имеет в виду не проявление доверия или послушания, а самую главную часть христианской истины –

христианское учение. Вера — это содержание Евангелия в его наиболее полной форме.

В последние годы многое было предпринято в отношении необходимости объединения церкви, и в результате мы стали свидетелями внедрения в евангельские круги религий и культов любого сорта. Но не такого единства Бог желает для своей церкви. Единство веры невозможно, если оно не основано на библейской истине. Иисус молился: «Освяти их истиной; Слово Твое есть истина... И за них, Я посвящаю Себя, чтобы и они были освящены истиною. Не о них же только молю, но и о верующих в Меня по слову их, да будут все едино, как Ты, Отче, во Мне, и Я в Тебе, так и они да будут в Нас едино, — да уверует мир, что Ты послал Меня» (Ин. 17:17-21). Единство возможно только в результате освящения верующих истиной. Церковь, которая пренебрегает важнейшими доктринами веры или принижает их, не созидает христианское единство; она идет на безбожный компромисс[6].

Божья истина не разделилась сама в себе. Но когда Его народ поступает так, он живет вразрез с Его истиной, вразрез с верой, основанной на правильном знании и понимании. Только сведущая в Писании, верно служащая и духовно зрелая церковь может достичь единства веры. Любое другое единство возможно исключительно на человеческом уровне и не будет иметь ничего общего с единством веры, находясь в постоянном противоречии с ним. Единство не может существовать в церкви отдельно от доктринальной принципиальности.

---

[6] Подробнее об этом см. книгу Джона Мак-Артура *Reckless Faith* (Wheaton , Ill.: Crossway Books, 1994).

Хранители истины

Сегодня церковь живет в мире, о котором апостол Павел писал Тимофею: «будет время, когда здравого учения принимать не будут» (2 Тим. 4:3). На протяжении всей истории подлинная церковь оставалась верной истине, несмотря на гонения извне и лжеучения изнутри. Мы получили это наследие от наших предшественников. Нашим единственным средством для противодействия современной тенденции доктринального компромисса является возобновление усилий по защите, провозглашению и передаче неповрежденной истины следующему поколению верующих.

Как и сегодняшняя церковь, верующие первого века в Ефесе столкнулись с искушением пойти на компромисс с истиной Божьего Слова. Ефес был полностью языческим городом, местом расположения храма богини Дианы (Артемиды), одного из семи чудес древнего мира. Спустя три года служения там Павел был хорошо осведомлен о давлении и искушении пойти на компромисс или поступиться истиной. Его письма к Тимофею, который служил пастором ефесской церкви, наполнены призывами жить, провозглашать и защищать истину.

В одном из таких наставлений Павел определяет миссию церкви следующим образом: церковь является «столпом и утверждением истины» (1 Тим. 3:15). Павел позаимствовал этот образ у храма Артемиды с его колоннами, которых было 127. Подобно тому, как эти столбы поддерживали массивную крышу храма, так и церковь является фундаментом и опорой, которая поддерживает истину. В то время как основание и колонны храма Артемиды провозглашали заблуждения языческой ложной религии, церковь в противовес тому должна быть свидетельством Божьей истины. В этом и заключается миссия церкви в мире.

Каждая церковь имеет священный долг твердо отстаивать истину Божьего Слова. Церковь не придумывает истину, а если она изменяет ее, то это будет стоить ей осуждения. Бог доверил церкви Писание, и она должна хранить и беречь его как самое драгоценное сокровище на земле. Церкви, которые искажают, представляют в ложном свете, обесценивают или отвергают библейскую истину, лишаются единственной причины для своего существования и обрекают себя на бессилие и осуждение.

Как беречь истину

Хотя каждая поместная церковь несет коллективную ответственность за защиту Слова, этого нельзя достигнуть до тех пор, пока каждый верующий не посвятит себя исполнению этого долга. Есть несколько способов добиться этого.

ВЕРЬТЕ В НЕГО. Павел свидетельствовал перед Феликсом, римским правителем Иудеи: «я действительно служу Богу отцов моих, веруя всему, написанному в законе и пророках…» (Деян. 24:14). Его вера в Слово Божье распространилась также на Новый Завет. Он написал в Послании к коринфянам: «и мы веруем, потому и говорим…» (2 Кор. 4:13). Многократные призывы к слушанию Слова также подразумевают необходимость слушать его с верой. Иисус сказал: «Истинно, истинно говорю вам: слушающий слово Мое и верующий в Пославшего Меня имеет жизнь вечную и на суд не приходит, но перешел от смерти в жизнь» (Ин. 5:24). Вы не можете сохранять Слово, если вы не слышите его и не верите.

ЗАПОМИНАЙТЕ ЕГО. Псалмопевец написал: «В сердце моем сокрыл я слово Твое, чтобы не грешить пред Тобою» (Пс. 118:11). Недостаточно слышать Слово – оно должно быть сокрыто в памяти. Только тогда вы «будете всегда готовы всякому, требующему у вас отчета в вашем уповании, дать ответ с кротостью и благоговением» (1 Пет. 3:15).

РАЗМЫШЛЯЙТЕ НАД НИМ. В Иисуса Навина 1:8 сказано: «Да не отходит сия книга закона от уст твоих; но поучайся в ней день и ночь, дабы в точности исполнять все, что в ней написано: тогда ты будешь успешен в путях твоих и будешь поступать благоразумно». Псалмопевец также говорит: «Как люблю я закон Твой! весь день размышляю о нем» (Пс. 118:97).

ИЗУЧАЙТЕ ЕГО. Павел призвал Тимофея «Старайся представить себя Богу достойным, делателем неукоризненным, верно преподающим слово истины» (2 Тим. 2:15).

ИСПОЛНЯЙТЕ ЕГО. Иисус сказал: «блаженны слышащие слово Божие и соблюдающие его» (Лк. 11:28) и «сказал Иисус к уверовавшим в Него Иудеям: если пребудете в слове Моем, то вы истинно Мои ученики…» (Ин. 8:31). Бесполезно слушать Слово, запоминать его, размышлять над ним и изучать его, если вы не исполняете его.

ЗАЩИЩАЙТЕ ЕГО. Павел говорит в послании к Филиппийцам, что «поставлен защищать благовествование» (Флп.1:17). На правду всегда будут нападать, и вы должны быть готовы защищать ее с большим рвением. Вот почему Иуда сказал: «подвизаться за веру, однажды преданную святым» (ст. 3). Греческое слово, переведенное как «подвизаться» – *epagōnizō*, оно включает в себя греческое слово *agōn*, из которого происходит слово «агония». Слово *agōn* первоначально применялось по отношению к состязаниям на стадионе. Когда мы выходим на стадион, чтобы вступить в духовную войну, мы должны сражаться за чистоту веры.

Живите им. Павел напомнил Титу, что верующие должны быть «во всем… украшением учению Спасителя нашего, Бога» (Титу 2:10). Когда разумом управляет Слово Божие, это производит благочестивое поведение (Кол. 3:16).

Провозглашайте его. В великом поручении Христос говорит: «итак, идя, делайте учеников из всех народов, крестя их во имя Отца и Сына и Святого Духа, уча их соблюдать всё, что Я повелел вам…» (Мф. 28:19-20 — *перевод автора*). Павел поручил Тимофею «проповедуй слово, во время и не во время, обличай, запрещай, увещевай со всяким долготерпением и назиданием» (2 Тим. 4:2). Апостол писал Титу, что Бог «в свое время явил Свое слово в проповеди, вверенной мне по повелению Спасителя нашего, Бога…в надлежащее время проявил…» (Титу 1:3). Слово «проповедь» в этом стихе обозначено греческим *kerigma*, что означает сообщение, возвещенное глашатаем от имени правителя или городского совета, при котором он служил. В Новом Завете этот термин (часто переводимый как «проповедь») всегда используется для обозначения публичного провозглашения Слова Божьего, которое приводит людей к спасающей вере, укрепляет их в божественной истине и укрепляет их для благочестивой жизни.

Мы имеем великую привилегию защищать истину, данную нам нашим Господом. Пусть же каждый из нас будет изо дня в день верно исполнять свой долг и, сохраняя принципиальность по отношению к Слову Божьему, утвердится также и в собственной принципиальности.

Провозглашение истины

Сущность провозглашения

Слово Божье – это огромное, неисчерпаемое хранилище духовной истины. Что же из всей этой истины важнее всего для церкви, чтобы хранить и провозглашать? Павел дает ответ в 1 Тимофею 3:16: «Бог явился во плоти, оправдал Себя в Духе, показал Себя Ангелам, проповедан в народах, принят верою в мире, вознесся во славе». Проповедь, которую мы провозглашаем, – это не кто иной как Иисус Христос; Он находится в центре нашего учения и проповеди.

Сегодня нередко можно услышать, как евангельские проповедники и учители утверждают, что простое библейское Евангелие не соответствует запросам современного человека. Они говорят, что его нужно подкрепить и приукрасить некой адаптацией к культуре, чтобы сделать более привлекательным и приемлемым. Как же это самонадеянно – думать, что несовершенный, греховный человеческий инструмент способен улучшить Божье послание о том, как привести людей к Себе. Когда Евангелие ясно проповедуется грешным людям, в какой-то момент Святой Дух возродит тех, кого избрал Бог, и они уверуют и обретут все преимущества своего избрания.

Апостол Павел знал, что спасительная вера, которую он призван проповедовать, никак не может быть произведена или утверждена его собственной мудростью, умом или красноречием. К церкви в Коринфе он написал:

...а мы проповедуем Христа распятого, для Иудеев – соблазн, а для Еллинов – безумие, для самих же призванных, Иудеев и Еллинов, – Христа, Божию силу

> *и Божию премудрость; потому что немудрое Божие премудрее человеков, и немощное Божие сильнее человеков... И когда я приходил к вам, братия, приходил возвещать вам свидетельство Божие не в превосходстве слова или мудрости, ибо я рассудил быть у вас не знающим ничего, кроме Иисуса Христа, и притом распятого... (1 Кор. 1:23-25; 2:1-2).*

Простая, но бесконечно могущественная истина Евангелия, «Иисус Христос и притом распятый», никогда не перестанет пробуждать в назначенное время спасительную веру в тех, кто избран Богом.

Единственный источник этой монументальной истины, единственное истинное послание о Боге, содержится в Его Слове (Титу 1:3). Как может проповедник или учитель, который называет Христа своим Господом и Спасителем, провозглашать что-либо, кроме Слова Божьего? Всякая истина, которая нужна нам для евангелизации, содержится в Его Слове. Это единственное семя, производящее вечную жизнь (1 Пет. 1:23). Истина, необходимая для назидания верующих, находится в Писании (ср. 1 Пет. 2:1-2). Эти абсолютные истины как и все, что связано с духовной жизнью, находятся в Божьем Слове и нигде больше.

Верность в лидерстве

Хотя все то, о чем говорилось ранее, является обязанностью для всех христиан, оно имеет особую важность для тех из вас, кто является (или стремится) стать пасторами или служителями. Основой для эффективной проповеди Слова Божьего является ваше собственное понимание и послушание этому откровению. Поэтому вы должны неизменно хранить верность Писанию.

Павел писал Титу, чтобы он держался «истинного слова, согласного с учением» (Титу 1:9). «Держаться» в данном случае означает «ухватиться изо всех сил» либо «прилипнуть» к чему-то или кому-то. Так что вам нужно ухватиться за верное Слово и держаться его с пылкой преданностью и неослабевающим усердием. Одним словом, вы должны любить его. Это ваше духовное питание. Вы должны постоянно питаться «словами веры и добрым учением» (1 Тим. 4:6). За этим стоит посвященность авторитету и достаточности Слова Божьего как единственного источника нравственной и духовной истины.

Лидерство в церкви строится не на естественных способностях человека, образовании, здравом смысле или человеческой мудрости. Оно основано на знании и понимании Писания, преданности ему и подчинении Святому Духу, который претворяет истины Божьего Слова в его сердце и в жизнь. Человек, который не держится Слова Божьего и не привержен ему в жизни, не готов проповедовать или учить. Истина Слова должна быть вплетена в ваше мышление и жизнь. Только тогда сила принципиальности лидера оказывает влияние на тех, кому он служит.

Те, кто не способен быть верным Писанию, в значительной мере ответственны за поверхностную, возвышающую самооценку проповедь и учение во многих евангельских церквях. Эта неверность – настоящая причина того, что столь многие склонились к тому, что кажется им актуальным, и в результате дошли до проповеди убаюкивающей психологии или разбавленного Евангелия. Но верный пастор подобно Ездре «расположил сердце свое к тому, чтобы изучать закон Господень и исполнять [его], и учить в Израиле закону и правде» (Ездр. 7:10).

Он знает, что Библия – это не просто один из возможных источников истины, а открытый Богом источник истины. Это не один из возможных текстов, а единственный текст. Его истины – не пожелания, а предписания. Цель пастора не в том, чтобы сделать Писание актуальным для людей, а в том, чтобы помочь им понять учение, которое станет основой для их духовной жизни.

Живя истиной

Эффективная жизнь невозможна без твердого понимания христианской доктрины. Вот почему в послании к Титу 1:1 апостол Павел связывает «знание истины» с «благочестием». Позже в том же послании Павел говорит: «Ибо явилась благодать Божия, спасительная для всех человеков, научающая нас, чтобы мы, отвергнув нечестие и мирские похоти, целомудренно, праведно и благочестиво жили в нынешнем веке» (2:11-12).

Божья истина и благочестие неразрывно связаны. Какими бы искренними ни были наши намерения, мы не можем повиноваться воле Бога, если не знаем, в чем она заключается. Мы не можем быть благочестивыми, если не знаем, каков Бог и чего Он ожидает от тех, кто принадлежит Ему. Божья истина рождает благочестие. Комментатор Д. Эдмонд Хиберт пишет: «Между истиной и благочестием существует тесная связь. Обладание истиной несовместимо с отсутствием набожности... Настоящая истина никогда не отклоняется от пути благочестия. Исповедание истины, которое позволяет человеку жить в нечестии, является ложным исповеданием»[7].

---

[7] *Titus and Philemon* (Chicago: Moody Press, 1957), 21.

В своей книге «Как угодить Богу», богослов Роберт Спраул объясняет, насколько важна здоровая доктрина для благочестивой жизни:

Нам надо отказаться от ложного деления на теорию и жизнь. Мы можем иметь здоровые учения без освященной жизни, хотя чрезвычайно трудно двигаться к святости без здоровой доктрины. Но и правильной теории недостаточно, чтобы прийти к праведной жизни. Человек не может бездумно устремиться к освящению, правильная доктрина является необходимым условием такого поворота. Это жизненно необходимая предпосылка. Она словно кислород для огня. Присутствие кислорода само по себе не обеспечит возникновения пламени, но без него огня не будет [8].

Строить жизнь без компромиссов могут только те, кто принимает Слово Божье как единственный источник авторитета и руководства. В следующей главе мы рассмотрим, как вы можете возрастать в освящении, руководствуясь Словом Божьим.

Итог главы

Помимо наших отношений со Христом, еще один величайший источник принципиальности в вашей жизни — искренняя посвященность Слову Божьему как наивысшему авторитету в вопросах истины и поведения.

---

[8] Спраул. Как угодить Богу, с. 174.

Начало (Выберите что-то одно)

• Несомненно, большинство из вас покупали или принимали в подарок вещи, требующие сборки. Как вы подходите к такой задаче? Сразу хватаетесь за дело, не заглянув в инструкцию, или же просматриваете ее по диагонали и принимаетесь за сборку? Или тщательно следуете инструкции, чтобы собрать все детали в правильном порядке? Насколько сложным или простым оказывается процесс?

• Много вещей в этом мире стоят своих денег. Сколько, например, вы готовы заплатить, чтобы купить машину вашей мечты? Сколько вы готовы потратить для того, чтобы отправиться в путешествие в ваше самое любимое место во всем мире? Сколько вы готовы заплатить за дом вашей мечты? Сколько вы готовы платить, чтобы защитить Божье Слово от тех, кто его искажает? Готовы ли вы отдать вашу жизнь, защищая Его Слово?

Ответьте на вопросы

• Что в конечном итоге заставляет христиан идти на компромисс с Божьими стандартами?

• Какими путями современная церковь идет на компромисс с Божьим словом?

• Почему в руководстве многих церквей доминируют незрелые христиане?

• Что в итоге является основой для единства церкви? Как церковь сегодня идет на компромисс по отношению к единству?

• Какова миссия церкви для этого мира? Объясните.

• Каким образом каждый христианин может охранять Божье слово от тех, кто готов идти на компромисс против его истины?

• Какова центральная истина Божьего слова, которую должны провозглашать все христиане?

• Объясните, как Святой Дух использует Евангелие чтобы достигнуть тех, кого Бог избрал к спасению.

• Что должно характеризовать тех, кто стремится быть лидером в церкви?

• Что должен обрести каждый верующий, прежде чем он сможет жить эффективной христианской жизнью?

Концентрируясь на молитве...

• Просите Бога, чтобы Он указал вам одного или двух людей, которым вы бы могли проповедовать Евангелие. Просите, чтобы Он дал вам мужество, и в то же время смирение в вашей проповеди, понимая, что Он один может подарить им спасение.

• Молитесь за вашу церковь и ее лидеров. У них огромная ответственность перед Богом быть честными и верными Его Слову. Просите Бога помочь им постоянно питаться Его Словом и посвятить себя тому, чтобы жить по Его истине изо дня в день.

Применяя истину

Повторите список действий, которые должны совершать верующие для того, чтобы сохранять Божью истину. Каждый день принимайте для себя одну из этих обязанностей и воплощайте ее в вашу жизнь. Претворяйте эти обязанности в вашу жизнь до тех пор, пока они не станут хорошими привычками.

3

В СТРЕМЛЕНИИ
К БЛАГОЧЕСТИЮ

Джон Райл, известный англиканский епископ и толкователь XIX века, написал книгу биографических очерков о жизненном пути таких великих британских служителей, как Джордж Уайтфилд, Джон Уэсли и Дэниэл Роулендс. В начале своих рассуждений Райл предлагает следующее обобщение:

Они постоянно учили о неразрывной связи между истинной верой и личной святостью. Они ни на мгновение не допускали, чтобы любое членство в церкви или религиозное исповедание считались доказательством того, что человек является истинным христианином, если он живет нечестивой жизнью. Они утверждали, что истинного христианина всегда следует узнавать по его плодам; и эти плоды должны быть явными и бесспорными во всех аспектах жизни. «Нет плодов, нет благодати», – вот неизменный лейтмотив их проповеди[9].

---

[9] *Christian Leaders of the Eighteenth Century* (Edinburgh: Banner of Truth, 1978 reprint), 28.

В наши дни существует огромная нужда в подобных воззрениях. Вместо этого многие верующие сегодня считают, что проявление духовного плода необязательно, и что это не является необходимым и естественным результатом подлинного спасения. Апостол Павел смотрел на это иначе. В Послании к Римлянам 7:4 он утверждает: «Так и вы, братия мои, умерли для закона телом Христовым, чтобы принадлежать другому, Воскресшему из мертвых, да приносим плод Богу».

Благочестие и духовный плод настолько важны для верующих, что Павел часто молился, чтобы новообращенные возрастали в благочестии и христианской зрелости. Устойчивый прогресс в освящении имеет важнейшее значение. Без этого принципиальная жизнь невозможна. Ваше желание жить благочестиво. определяет разрыв между вашей склонностью к компромиссу и вашей способностью устоять перед ним.

Рост в благочестии

В Филиппийцам 1:9-11 Павел молится за духовный рост церкви. Будучи верным пастором, он заботился о том, чтобы верующие в Филиппах (да и повсюду) последовали пяти неотъемлемым составляющим праведной жизни: любви, стремлению к лучшему, честности, добрым делам и славе Божьей. Эти качества следуют друг за другом; каждая добродетель закладывает основу для следующей добродетели и помогает ее созидать.

Возрастая в любви

Павел молился о том, чтобы любовь филиппийцев «еще более и более возрастала в познании и всяком чувстве…» (ст. 9). Мы можем отметить несколько ключевых характеристик любви.

БОЖЕСТВЕННАЯ ЛЮБОВЬ. Во-первых, мы знаем, что апостол имеет в виду божественную любовь, иначе он не просил бы Бога ниспослать и умножить ее для христиан в Филиппах. Писание ясно говорит, что любовь происходит от Бога: *«любовь Божия излилась в сердца наши Духом Святым, данным нам»* (Рим. 5:5). *«Будем любить Его, потому что Он прежде возлюбил нас»* (1 Ин. 4:19).

ЛЮБОВЬ ДЕ-ФАКТО. Во-вторых, любовь, о которой говорит Павел – это любовь де-факто (от лат. «на самом деле», то есть она уже существует). Каждый верующий получает любовь Бога в момент спасения. Павел желает, чтобы все христиане полностью проявляли всю ту любовь, какую они уже имеют.

РЕШИТЕЛЬНАЯ ЛЮБОВЬ. В-третьих, Павел молится о решительной любви – любви, обозначенной непосредственно греческим словом *agapē*, которое используется в Филиппийцам 1:9. Агапе – высочайшее благородное выражение любви, упомянутое в Новом Завете. Это любовь, определяемая волей и не зависящая от общепринятых в мире критериев любви – привлекательности, эмоций или чувствительности.

В этом вопросе многие верующие легко идут на компромисс с Божьими стандартами. Они слепо следуют требованиям мира, чтобы любовь была основана на взаимном влечении. Но такая любовь руководствуется порывами чувств, а не выбором. Под влиянием импульсивной любви муж заявляет жене, что решил развестись с ней. Он аргументирует это решение таким образом: «Ничего не поделать. Я влюбился в другую женщину».

Любовь, движимая порывами чувств — это полная противоположность Божьей любви, основанной на волевом решении, потому что Он управляет всем и следует Своей цели. В Иоанна 3:16 мы не видим, чтобы Бог действовал в порыве чувств. Он возлюбил нас не из-за некой нашей «неотразимости» — в таких грешниках, как мы, не было ничего привлекательного. Он принял жертвенное решение любить нас. Когда вы начнете развивать в себе жертвенность, то ваше сердце откроется для людей и вы будете заботиться об их нуждах, невзирая на то, заслужили они этого или нет.

Возрастающая любовь. Любовь верующих должна постоянно возрастать. Любовь филиппийцев уже возрастала, но Павел хотел, чтобы она умножалась — «изобиловала все больше и больше» (Флп. 1:9). Любовь, являющаяся частью подлинной христианской жизни, которая прогрессирует в святости, по своей сути будет возрастающей. Если мы всерьез стремимся возрастать в нашем хождении со Христом, то никогда не смиримся с тем, что уровень нашей любви навсегда застыл на одной отметке. Вот с чего начинается принципиальная жизнь: поднимите свои принципы до библейских и перестаньте довольствоваться тем, что есть.

Наш Господь никогда не довольствовался текущим положением вещей. Он установил стандарт возрастающей любви. В Послании к ефесянам 4:32 говорится: «но будьте друг ко другу добры, сострадательны, прощайте друг друга, как и Бог во Христе простил вас» (ср. 5:1-2). Наивысший пример такого отношения — смиренная, жертвенная любовь, которую Христос показал ученикам, когда Он омывал им ноги. Пример Его служения должен вдохновить нас следовать ему, проявляя любовь и ища способы послужить друг другу (Ин. 13:14-17).

ГЛУБОКАЯ ЛЮБОВЬ. В-пятых, Павел молится о том, чтобы любовь филиппийцев была глубокой, основанной на «познании». Любовь от Бога определяется знанием Его Слова, что означает, что она глубоко укоренена в убеждениях, основанных на истине. Петр призывает нас: «Послушанием истины чрез Духа, очистив души ваши к нелицемерному братолюбию, постоянно любите друг друга от чистого сердца» (1 Пет. 1:22). Когда мы подчиняемся божественной истине и она руководит нами, мы можем любить в высшей степени.

РАССУДИТЕЛЬНАЯ ЛЮБОВЬ. Наконец, Павел молится, чтобы любовь христианина характеризовалась «всей рассудительностью» (это смысл фразы «всяком чувстве» в Синодальном переводе – *прим. ред.*). Рассудительная любовь будет проницательной в нравственных вопросах, способной понимать и применять на практике глубокие знания, о которых говорит Павел. К рассудительной любви не применимо известное выражение «любовь слепа». Вместо того она будет стремиться отличать правильное от неправильного, истинное от ложного и верно применять истину в нужные моменты жизни.

Пренебрегающие рассудительностью часто становятся жертвами ложных учений, небиблейских практик в церкви и за ее пределами, нередко вовлекая несведущих людей в свои заблуждения. Этого всего можно было бы избежать, если бы все верующие стремились к любви, которая определяется тщательным изучением и чутким соблюдением Божьей истины, Его Слова. Те, кто способен любить с рассудительностью, не только поступают принципиально, но и защищают принципиальность церкви.

Стремясь к лучшему

Все верующие, руководимые Божьей любовью, стремятся достигать лучшего. Поэтому Павел продолжил свою молитву за филиппийцев «чтобы, познавая лучшее, вы были чисты и непреткновенны в день Христов» (Флп. 1:10).

Русское слово «лучшее», которое употреблено в этом стихе, является аналогом греческого слова, которое буквально означает «отличаться». Павел не просто говорит о способностях отличать добро от зла, истину от заблуждения. Он беспокоится о том, чтобы верующие смогли отличать лучшее от хорошего — то, что в наши дни способны делать лишь немногие. Разумный выбор в пользу лучшей альтернативы перед хорошей, позволяет нам расставить приоритеты и сосредоточить наше время и энергию на том, что действительно важно.

Если мы хотим мудро отличать лучшее от хорошего и делать этот выбор, руководствуясь принципиальностью, нам необходимо думать. Крайне важно, чтобы мы реагировали благоразумно, а не импульсивно, идя на поводу своих эмоций или настроения. Однако боюсь, что в наши дни множество людей в церкви не отличаются осторожностью и благоразумием. Христианский писатель и спикер Джон Армстронг хорошо анализирует ситуацию:

> Мы слышим, как популярные христианские писатели и служители призывают людей меньше думать и больше чувствовать. Опыт правит всем, а ум исключен из уравнения. Мыслящий человек, который имеет аргументы, почти всегда воспринимается как тот, кто находится в более низком положении по сравнению с тем, кто не думает, но имеет опыт,

особенно если этот опыт является необычным и впечатляюще представленным в форме свидетельства. Джон Стотт писал: «Многие [современные христиане] испытывают рвение без знания, энтузиазм без просвещения. У нас много сентиментальной, самовлюбленной и даже глупой страсти, но так мало мышления. В современной церкви бессмысленность, фактически, приравнивается к благочестию. Эпоха видео застала нас врасплох, и в результате мы потеряли ясное мышление и говорим друг другу банальности, которые не вызывают серьезных размышлений. Проповедь, если мы можем даже назвать это так, направлена на то, чтобы быть короткой, актуальной и мотивирующей. Современные христиане не хотят думать; они хотят что-то почувствовать и взять для себя что-то, что поможет им справиться с быстротечной, занятой, современной жизнью[10].

Если мы надеемся преуспеть в стремлении к лучшему и стать принципиальными людьми, нам нужно руководствоваться разумом, а не настроением. Ниже приведены несколько классических отрывков из посланий апостола Павла, которые побуждают нас быть думающими христианами.

И не сообразуйтесь с веком сим, но преобразуйтесь обновлением ума вашего, чтобы вам познавать, что есть воля Божия, благая, угодная и совершенная (Рим. 12:2).

---

[10] *Reformation and Revival 3,* no. 3 (1994): 10-11; курсив в оригинале. Цитата Стотта из John R.W. Stott, *Your Mind Matters* (Downers Grove, Ill.: InterVarsity Press, 1972), 7.

Поступайте, как чада света…Испытывайте, что благоугодно Богу (Еф. 5:8-10).

Итак, смотрите, поступайте осторожно, не как неразумные, но как мудрые, дорожа временем, потому что дни лукавы. Итак, не будьте нерассудительны, но познавайте, что есть воля Божия (Еф. 5:15-17).

Наконец, братия мои, что только истинно, что честно, что справедливо, что чисто, что любезно, что достославно, что только добродетель и похвала, о том помышляйте (Флп. 4:8).

Все испытывайте, хорошего держитесь (1 Фес. 5:21)

Стремясь к принципиальности

Твердое, непоколебимое стремление к божественной любви под водительством Духа Святого обязательно приведет нас к принципиальности. Молитва Павла подчеркивает взаимосвязь этих добродетелей: «Чтобы, познавая лучшее, вы были чисты и непреткновенны в день Христов» (Флп. 1:10).

Духовная принципиальность с ее неотъемлемыми составляющими — искренностью и непорочностью (в Синодальном переводе — «чисты и непреткновенны») — характеризует верующего как личность цельную во всех сферах своей жизни. Концепцию принципиальности можно объяснить на примере правильного и неправильного способа выпекания хлеба. Если вы соберете все необходимые ингредиенты для приготовления хлеба, положите их в форму и поставите ее в разогретую духовку, у вас не получится хлеб. Согласно рецепту, все ингредиенты должны быть соединены в правильном порядке, прежде чем поместить их в духовку. Подобным образом, вы не сможете обрести принципиальность, если не будете мудро применять (или соединять) все принципы Слова Божьего во всех аспектах своей жизни. Не должно остаться ни единой сферы нашей жизни, где мы позволили бы себе не руководствоваться библейской истиной. У нас не должно быть расхождений между сферами нашей жизни, не должно быть «примесей в ингредиентах», иначе мы никогда не достигнем настоящей цельности. Павел хочет видеть в филиппийцах именно такую неподдельность (ст. 10).

Искренний. Для описания подлинности характера Павел в первую очередь использует слово «искренний» (Флп. 1:10, «чистый» в Синодальном переводе — *прим. ред.*). В греческом языке слово «искренний» имело несколько нюансов значения. Первоначально это слово обозначало просеивание зерна, что в этом стихе означало бы, что верующие должны отсеивать мусор из своей жизни и быть как чистое, цельное зерно. Но если посмотреть на этимологию этого слова, оно происходит от двух греческих слов, означающих «свет солнца» и «испытывать». Таким образом, буквально оно означает «испытывать при солнечном свете». Комментатор Джеймс Монтгомери Бойс объясняет, какое практическое значение имел этот термин для людей во времена Павла:

В древние времена самая лучшая керамика была тонкой. У нее был чистый цвет, и за нее платили высокую цену. Тонкая керамика была очень хрупкой как до, так и после обжига. И … эта керамика [часто] трескалась в печи. Потрескавшуюся керамику приходилось выбрасывать. Но нечестные торговцы имели обыкновение заполнять трещины твердым перламутровым воском, который сливался с цветом керамики. Это делало трещины практически незаметными при продаже, особенно после покраски или покрытия лаком; но воск сразу обнаруживался, если глиняную посуду держали на свету, особенно на солнце. Трещины сразу становились темнее. Поэтому и говорили, что поддельный элемент был обнаружен путем «проверки при солнечном свете. Честные торговцы отмечали свой лучший продукт надписью sine cera – «без воска»[11].

Как для покупателей на древних рынках было предусмотрительно проверять все изделия из керамики под лучами солнца, так же и для верующих мудро и необходимо испытывать свою жизнь на наличие включений «воска лицемерия». В свете Божьего Слова будет очевидным наличие или отсутствие греховных трещин. Вот почему для нас так важно ежедневно насыщаться Писанием (Пс. 118:9-11) и формировать нашу жизнь его силой (Евр. 4:12).

Непорочный. Второе ключевое слово которое использует Павел, говоря о принципиальности в Филиппийцам 1:10 – «непорочный» («непреткновенны» в Синодальном переводе – *прим. ред.*). Оно описывает принципиальность в отношениях, характерную для человека, который воздерживается от поступков, дающим других повод к преткновению. Слово Божье говорит об этом совершенно ясно. Павел писал: «Итак, едите ли, пьете ли или иное что делаете, все делайте во славу Божию. Не подавайте

---

[11] *Philippians: An Expositional Commentary* (Grand Rapids, Mich.: Zondervan, 1971), 55.

соблазна ни Иудеям, ни Еллинам, ни церкви Божией» (1 Кор. 10: 31-32; ср. Рим. 14; 1 Кор. 8).

В целом, принципиальность, о которой молится Павел, будет не только «искренней» и «непорочной», но также будет игнорировать мирские стандарты (ср. Иак. 1:27; 4:4; 1 Ин. 2:15) и мирскую мудрость: «Ибо похвала наша сия есть свидетельство совести нашей, что мы в простоте и богоугодной искренности, не по плотской мудрости, но по благодати Божией, жили в мире, особенно же у вас» (2 Кор. 1:12).

Принципиальность, о которой говорит Павел, не должна быть временной или мимолетной. Мы должны стремиться к ней на протяжении всей нашей жизни или «до дня Христа». В этот прекрасный день Бог «осветит скрытое во мраке, и обнаружит сердечные намерения, и тогда каждому будет похвала» (1 Кор. 4:5). Если мы будем проявлять усердие в возрастании в принципиальности равно как и в божественной любви и в стремлении к лучшему, нас ожидает непревзойденная радость в День Христов, поскольку Господь вознаградит нас в соответствии с нашей верностью.

Стремясь к добрым делам

Если мы будем следовать образцу Священного Писания, наше стремление к благочестию неизбежно приведет нас к принципиальности, проявленной в добрых делах. Это «плод праведности» в Филиппийцам 1:11.

В Новом Завете упоминаются два основных вида духовных плодов, которые должен приносить каждый христианин. Одним из них является плод спасенных душ, завоеванных для Христа. Павел говорит о них в своем послании к Римлянам (1:13; 15:28).

Второй вид духовного плода — это праведные поступки и сердечные отношения. Например, в Послании к ефесянам 5:9 Павел утверждает: «потому что плод Духа состоит во всякой благости, праведности и истине» (ср. 2 Кор. 9:10; Гал. 5:22-23).

Единственный способ обретения силы, мудрости и верности, чтобы приносить настоящий духовный плод, — «через Иисуса Христа» (Флп. 1:11). Это возможно лишь тогда, когда мы пребываем во Христе, как это объяснил Иисус:

> *Я есмь истинная виноградная лоза, а Отец Мой — виноградарь. Всякую у Меня ветвь, не приносящую плода, Он отсекает; и всякую, приносящую плод, очищает, чтобы более принесла плода. Вы уже очищены через слово, которое Я проповедал вам. Пребудьте во Мне, и Я в вас. Как ветвь не может приносить плода сама собою, если не будет на лозе, так и вы, если не будете во Мне. Я есмь лоза, а вы — ветви; кто пребывает во Мне, и Я в нем, тот приносит много плода; ибо без Меня не можете делать ничего (Ин. 15:1-5; ср. Еф. 2:10).*

В этой сфере христианской жизни наша приверженность принципиальности подвергается испытанию. (Мы обсудим концепцию духовного плода подробнее в последнем разделе этой книги).

Стремясь к славе Божьей

Все то, о чем молился апостол Павел для возрастания филиппийцев в благочестии, было в конечном счете «во славу и похвалу Божью» (Флп. 1:11). Когда Павел наставляет верующих, эта цель всегда стоит для него на первом месте.

Например, он увещевал коринфян: «Ибо вы куплены дорогою ценою. Посему прославляйте Бога и в телах ваших, и в душах ваших, которые суть Божии» (1 Кор. 6:20).

Жизнь в любви, стремлении к лучшему, принципиальности и добрых делах всегда будет прославлять Господа. Слово «слава» (греч. *doxa*) относится ко всей полноте Божьего совершенства. Когда Он принимает славу – это подтверждение Его совершенства.

Нас безмерно ободряет и побуждает приносить славу Богу понимание того, что все Личности Троицы поддерживают нас в этом и делают это возможным:

Тем прославится Отец Мой, если вы принесете много плода и будете Моими учениками (Ин. 15:8).

Дабы послужить к похвале славы Его нам, которые ранее уповали на Христа (Еф. 1:12).

В Нем и вы, услышав слово истины, благовествование вашего спасения, и уверовав в Него, запечатлены обетованным Святым Духом, Который есть залог наследия нашего, для искупления удела Его, в похвалу славы Его (Еф. 1:13-14).

Проявление благочестия

Известный шотландский проповедник XIX века Александр Макларен писал: «Мир судит о Боге, смотря на людей, которые говорят, что они принадлежат к Божьей семье. Они читают нас намного больше, чем читают Библию. Они смотрят на нас; но они судят об Иисусе Христе»[12].

---

[12] *First and Second Peter and First John* (New York: Eaton and Maines, 1910), 105.

Наше доброе свидетельство о Христе миру основано не столько на том, что мы говорим, сколько на том, что мы делаем. Иисус сказал об этом ученикам: «Так да светит свет ваш пред людьми, чтобы они видели ваши добрые дела и прославляли Отца вашего Небесного» (Мф. 5:16).

Мы уже увидели, что невозможно проявить благочестие без пребывания во Христе и послушания Божьему Слову. Но два этих важных направления требуют усилий и дисциплины. Павел сказал Тимофею «упражняй себя в благочестии…» (1 Тим. 4:7). Дональд Уитни напоминает нам, что великие христиане прошлого знали о непревзойденной важности дисциплинированной жизни, и что это важнейшее качество нельзя упускать из виду и сегодня:

С библейских времен до настоящего времени Божьи люди всегда упражняли себя в благочестии. Вспомните выдающихся личностей в истории Церкви – Августина Великого, Мартина Лютера, Жана Кальвина, Джона Буньяна, Сюзанну Уэсли, Джорджа Уитфилда, Леди Хантингтон, Джонатана и Сару Эдвардс, Чарльза Сперджена, Лотти Мун, Джорджа Мюллера, Доусона Тротмана, Джима и Элизабет Эллиот, а также Мартина Ллойда-Джонса. Как они снискали репутацию благочестивых людей? Дело не в том, что Бог таинственным образом наделил их особой святостью, которой Он не дал всем остальным. Вероятно, Он благословил этих верующих выдающимися дарами, которых не было у других, но, что касается уподобления Христу, они возрастали в этом так же, как и все христиане, – посредством Духовных Упражнений. Из своего пасторского и христианского опыта я могу сказать, что никогда не слышал, чтобы

> *люди достигали духовной зрелости другими спосо-
> бами, помимо Духовных Упражнений. Благочестие
> можно обрести лишь путем упражненияы* [13].

Апостол Петр оценивает важность фундаментальной проблемы, с которой мы сталкиваемся, живя дисципли- нированной жизнью, когда предупреждает: «Возлюбленные! прошу вас, как пришельцев и странников, удаляться от плотских похотей, восстающих на душу…» (1 Петра 2:11). Петр называет нас «пришельцами и странниками», потому что наше истинное гражданство на небесах (ср. Флп. 3:20). Небесное гражданство – это великая привилегия, но оно требует, чтобы мы жили по Божьим стандартам, а не по мирским (ср. 1 Ин. 2:15-17).

В 1 Пет. 2:11 используются греческие слова, кото- рые сравнивают наш статус со статусом человека, живу- щего или путешествующего по чужой стране. Обитая на земле, мы по причине нашей духовной жизни резко от- личаемся от окружающих нас неверующих людей, у ко- торых совершенно другие убеждения, ценности и нравы. Только на небесах мы по-настоящему почувствуем себя как дома: «ибо не имеем здесь постоянного града, но ищем будущего» (Евр. 13:14).

Как странники на этой земле, мы должны «воздержи- ваться от плотских похотей», то есть, держаться подальше от сильных желаний нашей греховной природы. Спасение по благодати не устраняет из нашей жизни трудности во мгновение ока; мы все еще сталкиваемся с необходимо- стью вести духовную битву против различных желаний,

---

[13] Дональд Уитни. Духовные упражнения для жизни христианина. Сама- ра.: Благая весть, 2023, с. 22.

которые могут привести нас ко греху (см. Рим. 7:14-25). Такие похоти могут приходить к нам в разных формах и искушать нас разными способами: «блуд, нечистота, распутство, идолослужение, волшебство, вражда, ссоры, ревность, вспышки гнева, распри, разлады, ереси, зависть, пьянство, обжорство и тому подобное» (Гал. 5:19-21, *пер. Кассиана*). В противовес всему этому мы должны дисциплинировать себя к благочестию и духовной зрелости:

Как от Божественной силы Его даровано нам все потребное для жизни и благочестия, через познание Призвавшего нас славою и благостию, которыми дарованы нам великие и драгоценные обетования, дабы вы через них соделались причастниками Божеского естества, удалившись от господствующего в мире растления похотью, - то вы, прилагая к сему все старание, покажите в вере вашей добродетель, в добродетели рассудительность, в рассудительности воздержание, в воздержании терпение, в терпении благочестие, в благочестии братолюбие, в братолюбии любовь. Если это в вас есть и умножается, то вы не останетесь без успеха и плода в познании Господа нашего Иисуса Христа (2 Пет. 1:3-8).

Если мы с Божьей помощью добросовестно и усердно будем стремиться взращивать в себе внутреннюю духовную дисциплину, эта дисциплина проявится в нашем поведении. Если мы последовательно являем неверующим людям высочайший библейский образец поведения и непоколебимую принципиальность, это будет оказывать на них влияние. Например, верующая жена, посредством своего благочестивого, уважительного поведения, может быть использована Святым Духом для того, чтобы завоевать сердце своего неверующего мужа для Христа (1 Пет. 3:1).

Все верующие, будь то дома, в школе или на работе, должны стремиться к благочестию и делать добрые дела окружающим. Наблюдая за таким поведением в течение определенного периода времени, некоторые неверующие «прославят Бога в день посещения» (1 Пет. 2:12). Это выражение говорит о моменте спасения (ср. Быт 50:24; Лк. 19:44). Другими словами, когда Святой Дух посещает неверующего и открывает его сердце, этот человек часто вспоминает о благочестивом поведении преданных христиан и отвечает спасительной верой.

Одно из основных средств, которые Бог использует для того, чтобы провозглашать Свою истину и созидать Свою церковь, – это благочестивые верующие – те, кто. строит принципиальную жизнь через постоянное повиновение Богу. Компромисс с миром и его искушениями манит каждого из нас, но его призывы не могут конкурировать с причинами, которые Бог дал нам для построения близких отношений с Ним, для того чтобы оставаться стойкими и верными власти Слова Божьего, и подчиняться Божьим заповедям с любящим, готовым и покорным духом.

Итог главы

Третьим необходимым компонентом принципиальной жизни является желание жить благочестиво, которое приносит духовный плод похвалы для Бога в жизни христианина.

Начало (выберите что-то одно)

• Сколь много внимания уделяет ваш работодатель вам для улучшения вашей работы? Совпадает ли отношение вашего работодателя с вашими планами карьерного роста? Почему да или нет?

• Мы все стали свидетелями того, как уменьшается стремление к совершенству в современном мире. Кратко опишите ваш личный опыт, который бы подтверждал эту проблему. Какая отсутствующая добродетель могла бы позитивно изменить ситуацию?

Ответьте на вопросы

• Какое событие, произошедшее в конце земного служения Иисуса, должно ободрять нас жить каждый день благочестиво (смотрите Рим. 7:4)?

• Какие две добродетели апостол Павел связывал с любовью? Какая из трех превосходит все остальные?

• Чем мирские критерии любви отличаются от решительной любви агапэ, о которой молился Павел?

• Каким образом и в каких обстоятельствах Иисус проявил возрастающую любовь к своим ученикам?

• Если мы стремимся к лучшему, какую добродетель при этом мы являем? Какие решения она подразумевает?

• Как наилучшим способом сформулировать определение духовной принципиальности? Как эта концепция может быть проиллюстрирована?

• Что предусматривает «испытание при солнечном свете»? Как это относится к стремлению к благочестию?

• Какие две основных разновидности добрых дел мы встречаем в Новом Завете?

• Каким практическим качеством характера должен обладать христианин, если он желает пребывать во Христе и постоянном послушании Его Слову? Каким образом другие могут узнать о том, что мы обладаем этим качеством?

Концентрируясь на молитве

• Молитесь о том, чтобы любовь в вашей жизни все больше и больше соответствовала Божьему стандарту и все меньше и меньше – тем стандартам, что навязывает мир.

• Просите Господа, чтобы Он сделал вас мыслящим христианином, который может отличить хорошее от лучшего. Молитесь о конкретных ситуациях, в которых вам необходимо проявить мудрость и иметь Божье водительство для того, чтобы выбрать наилучшую возможность.

Применяя истину

Читайте, изучайте и размышляйте над Иоанна 13:3-17. Обратите особое внимание на контраст между отношением к происходящему Христа и Петра. Просите Господа, чтобы Он послал вам возможность в течение следующего месяца с любовью протянуть руку и помочь тому, кто находится в конкретной нужде. Помните о нуждах тех, кто находится в вашей церкви, но не забывайте о том, что вы можете помочь вашим соседям или сотрудникам.

ПРИМЕРЫ ПРИНЦИПИАЛЬНОСТИ

4

РЕЗУЛЬТАТЫ БЕСКОМПРОМИССНОЙ ЖИЗНИ

Около двадцати пяти лет назад книга под названием «Лучшие из лучших» появилась в списках бестселлеров. Она подробно описывала то, как некоторые из самых способных и перспективных советников в администрации Джона Кеннеди способствовали формированию американской политики в 1960-х годах. Остальные члены правительства обращались к этим людям за их пониманием и новаторскими стратегиями решения государственных и мировых проблем. Большинство из этих советников были экспертами по Латинской Америке, Юго-Восточной Азии или Западной Европе. Однако сегодня их имена и идеи по большей части забыты людьми, за исключением историков и специалистов в области политики.

Если оглянуться в прошлое примерно на 2600 лет, мы обнаружим другую группу, которую также можно назвать «лучшими и из лучших», особенно по мнению величайшего мирового лидера того времени, царя Вавилонской империи – Навуходоносора. После своего первого вторжения в Иудею и осады Иерусалима в 605 г.

до Р.Х. Навуходоносор увел в плен десятки специально отобранных иудейских юношей, возможно, еще подростков, чтобы с их помощью обеспечить успех своих долгосрочных планов мирового господства. Одного из этих юношей ждала особая участь, и сегодня его имя стало синонимом принципиальности и бескомпромиссного духа. Его зовут Даниил. Даниил описывает то, как Навуходоносор планировал подготовить пленников для руководящих должностей в своей империи:

> *И сказал царь Асфеназу, начальнику евнухов своих, чтобы он из сынов Израилевых, из рода царского и княжеского, привел отроков, у которых нет никакого телесного недостатка, красивых видом, и понятливых для всякой науки, и разумеющих науки, и смышленых и годных служить в чертогах царских, и чтобы научил их книгам и языку Халдейскому (Дан. 1:3-4).*

В этих стихах перечисляются приоритеты, которые мирские люди используют для получения ключевых постов в правительстве, бизнесе или обществе. Как правило, они предпочитают внешние качества внутренним; физическую привлекательность, интеллектуальные способности и социальные навыки – характеру, добродетели и нравственности. Таков был план Навуходоносора и Асфеназа, но они получили гораздо больше, чем рассчитывали от Даниила и трех его друзей.

Интелектуальные качества

Несомненно, Даниил и другие юноши не были бы выбраны, если бы не имели интеллектуальных способностей добиться успеха в своей новой стране. Прежде всего, в 1:4 сказано, что Даниил и другие юноши были «понятливы для всякой науки». Поскольку они обладали превосходным интеллектом, то были способны принимать разумные решения, а также разбираться и применять истину во многих сферах жизни.

Они также были «смышлеными и умными» («разумеющими науки» в Синодальном переводе – *прим. ред.*), то есть они не только знали много фактов, но и могли их применять. В переводе с иврита термин «смышленость» подразумевает способность соотносить факты и делать логические выводы.

«Умных» – это последняя интеллектуальная квалификация, буквальное значение которой «знаток». Проще говоря, Даниил и другие молодые люди имели превосходное образование, которое подготовило их к распознаванию и решению всех задач в их новой стране. Первый вызов, который был брошен этим юношам – это процесс перевоспитания, предписанный вавилонянами.

Новое образование

Стих 4 завершается словами: «чтобы научил их книгам и языку Халдейскому». Повеление царя Навуходоносора Асфеназу и другим царским чиновникам ознаменовало официальное начало новой трехгодичной учебной программы для Даниила и прочих отобранных еврейских пленников.

Изучение новых дисциплин

Изначально халдеи были отдельной этнической группой в северной части Ближнего Востока. Однако по мере расширения Вавилонской империи, халдейская наука, философия и литература стали доминирующей системой обучения в Империи. Вскоре слово «халдейский» стало синонимом слова «вавилонский». Халдейская наука была неразрывно связана с изучением халдейского языка, важного и полезного в вопросах торговых отношений диалекта, который Даниил должен был изучить наряду с несколькими другими родственными языками и диалектами. По сути, он должен был стать экспертом по лингвистике.

Перевоспитание Даниила также включало в себя изучение открытий халдеев в области математики, астрономии, естествознания, в сельском хозяйстве и архитектуре. В тот период мировой истории халдейские ученые шли впереди всех почти во всех научных и прикладных дисциплинах.

До этого момента новое образование Даниила, вероятно, приносило ему лишь полезный опыт. Нет ничего плохого в расширении своего кругозора, изучении естественных наук и языков. Возможно, он испытал те же трудности, что и другие иностранные студенты, при изучении новых предметов и во время адаптации к другой культуре. Однако вскоре Даниилу придется столкнуться с более трудным вызовом со стороны вавилонян. Их конечной целью было перепрограммировать его духовные, моральные и нравственные убеждения. Навуходоносор хотел, чтобы Даниил и другие юноши отказались от своего еврейского наследия, оставили Бога и истину Его Слова ради Вавилонской империи.

Чтобы достичь такого радикального перевоспитания, вавилоняне потребовали, чтобы Даниил углубился в их обширные познания в области астрологии, мифологии (включая легенды о сотворении мира и великом потопе), волхвования и их многобожия. В действительности, вавилоняне осуществляли изощренную программу «промывания мозгов», которая, как они надеялись, превратит Даниила из скромного еврейского юноши в блестящего халдейского лидера.

Получение новых имен

Вавилоняне также изменили имя Даниила на Валтасар (или Белтешацца́р). Это может показаться несущественным для нас, но для народов древнего Ближнего Востока личность, а иногда и образ жизни человека были связаны с его именем (фактически, в некоторых более древних аграрных и кочевых обществах, если у кого-то или чего-то не было имени, люди не признавали его существующим).

Как вавилоняне, так и евреи признавали важность имен. «Даниил» на иврите означает «Бог – судья». Имя «Белтешаццаар» в халдейском языке, означает «Бел обеспечивает» или «принц Бела». Это новое имя Даниила предполагает, что он стал последователем языческого бога («Бела» или «Ваала»). Но как мы знаем, Даниил был принципиальным человеком и продолжал служить истинному Богу.

Установка границ

Благодаря Божьей помощи Даниил установил четкие границы, через которые не переступал, подвергаясь вавилонской идеологической обработке: «Даниил положил в сердце своем не оскверняться яствами со стола царского и вином, какое пьет царь, и потому просил начальника евнухов о том, чтобы не оскверняться ему» (1:8).

Вавилоняне увенчали образовательную программу для Даниила и его друзей назначением им ежедневного меню из самых лучших и роскошных блюд и напитков с царского стола. Другими словами, Навуходоносор и его помощники хотели соблазнить юношей-евреев некоторыми привилегиями и льготами, доступными верхнему эшелону вавилонского общества. Они надеялись на то, что, когда Даниил и другие испытают роскошь своего нового образа жизни, они почувствуют себя обязанными своим новым хозяевам и оставят свои старые обычаи. Но Даниил не поддался их искушению и вместо этого решил твердо стоять на позиции библейской принципиальности.

Конечно, преимущества академической подготовки, которую он получил, были огромным вкладом в его зрелость. Он смог расширить свои практические знания в области гуманитарных и естественных наук. Ему хватало проницательности, чтобы отсеивать халдейскую пропаганду, изучая астрологию, мифологию и ложную религию. Он мог стерпеть даже и языческое имя, зная, что оно не отражало его сердечного отношения к Богу.

Но вопрос о том, какую еду и питье принимать, сразу же стал предметом спора. Даниил хорошо знал законы о пище, которые Бог установил для Своего народа, в том числе правила чистоты при приготовлении и употреблении пищи (Лев. 7:23-27; 11:1-47; Втор. 12:15-28; 14:1-29). Помимо несоблюдения законов о пище, была еще одна причина, по которой Даниил не мог принимать блюда Навуходоносора. До того, как еда и вино подавалась на стол, она посвящалась богам Вавилона. Закон Моисея запрещал евреям участвовать в любых формах идолопоклонства: «Не делай себе кумира и никакого изображения того, что на небе вверху, и что на земле внизу, и что в воде ниже земли; не поклоняйся им и не служи им, ибо Я Господь, Бог твой, Бог ревнитель, наказывающий детей за вину отцов до третьего и четвертого рода, ненавидящих Меня» (Исх. 20:4-5; ср. Лев. 19:4; Втор. 5:7-8). Если бы Даниил съел хоть немного пищи с царского стола, посвященной чужеземным богом, он стал бы участником одной из форм идолопоклонства — языческой трапезы.

Поскольку Даниил знал все эти наставления, он установил для себя твердую границу по отношению к царской пище. Его действия стали проявлением настоящей принципиальности и бескомпромиссной жизни: границы ваших убеждений должны проходить там, где их проводит Священное Писание. Если истина Слова Божьего противоречит мудрости мира в том или ином вопросе, вы должны поступать по Слову Божьему.

Характеристики принципиальности

Чем больше мы размышляем о жизни Даниила, тем яснее мы видим его принципиальность. Его бескомпромиссный образ жизни резко выделяется на фоне того, как жизнь многих верующих в наши дни не соответствует их убеждениям. Многие христиане склонны увиливать и невнятно объяснять причины уклонения от определенных мирских занятий. В противовес тому Даниил воспользовался случаем заявить о своих убеждениях.

Смелость без ложного стыда

Даниил не пошел по легкому пути, представляя свою позицию Асфеназу. Вместо этого он перешел к самой сути проблемы и «просил начальника евнухов о том, чтобы не оскверняться ему» (Дан. 1:8), поскольку он отказался принимать роскошную вавилонскую пищу и вино. Таким образом, молодой Даниил проявил нескрываемую смелость, которая является неизбежной чертой бескомпромиссной жизни.

Особенной смелостью со стороны Даниила было использовать весьма сильное слово «оскверняться», которое во всем Ветхом Завете употребляется в отношении того, что считалось «мерзостью пред Господом». Его синонимы – «портить», «фальсифицировать», «загрязнять», «развращать». Даниил определенно не пытался выразиться в более мягкой форме.

Бесстрашное заявление Даниила указывает на его желание уточнить, почему царская еда была для него осквернением. Это значит, что он объяснил Асфеназу основы еврейского закона о пище и в нескольких тщательно подобранных словах рассказал ему о грехе идолопоклонства. Смелость без ложного стыда предполагает полную откровенность в отношении Вашей позиции по вопросам истины и заблуждения.

В Притчах 29:25 сказано: «Боязнь пред людьми ставит сеть». Большинство людей, в том числе и верующих, боятся мнения других людей и поэтому не дотягивают до библейского стандарта не стыдящейся смелости. Но Даниил и другие великие герои в Библии верили, что «надеющийся на Господа будет безопасен» (25б).

Писание полно примеров того, как доверие к Богу ведет к смелости без ложного стыда. Давид сказал: «Я желаю исполнить волю Твою, Боже мой, и закон Твой у меня в сердце. Я возвещал правду Твою в собрании великом; я не возбранял устам моим: Ты, Господи, знаешь»

(Пс. 39:9-10). Пророк Исаия написал это об Иисусе, Страждущем Рабе: «И Господь Бог помогает Мне: поэтому Я не стыжусь, поэтому Я держу лицо Мое, как кремень, и знаю, что не останусь в стыде» (Ис. 50:7). Иоанн Креститель мужественно проповедовал во время своего недолгого служения: «Увидев же Иоанн многих фарисеев и саддукеев, идущих к нему креститься, сказал им: порождения ехиднины! Кто внушил вам бежать от будущего гнева? Сотворите же достойный плод покаяния» (Мф. 3:7-8). Всякий раз, когда апостол Павел испытывал противодействие Евангелию, он смело провозглашал Иисуса Христа (см. Деян. гл. 23-26).

Именно Павел призывает христиан вести образ жизни, характеризирующийся такой смелостью: «Только живите достойно благовествования Христова, чтобы мне, приду ли я и увижу вас, или не приду, слышать о вас, что вы стоите в одном духе, подвизаясь единодушно за веру Евангельскую, и не страшитесь ни в чем противников: это для них есть предзнаменование погибели, а для вас — спасения. И сие от Бога» (Флп. 1:27-28). Павел также сообщает Тимофею и всем верующим, как обрести смелость без ложного стыда: «Ибо дал нам Бог духа не боязни, но силы и любви, и целомудрия. Итак, не стыдись свидетельства Господа нашего Иисуса Христа, ни меня, узника Его; но страдай с благовестием Христовым силою Бога» (2 Тим. 1:7-8).

Необычный стандарт

Верующие, которые ведут бескомпромиссную жизнь, неизменно будут устанавливать стандарты, которые превышают норму. Они не согласятся со статусом кво. Даниил является примером верности этому принципу: «Тогда сказал Даниил Амелсару, которого начальник евнухов приставил к Даниилу, Анании, Мисаилу и Азарии: сделай опыт над рабами твоими в течение десяти дней; пусть дают нам в пищу овощи и воду для питья» (Дан. 1:11-12).

Вегетарианство, или, по крайней мере, полу-вегетарианство, сегодня в некоторой степени популярно; но это не обычный режим питания для многих. То же самое было и во времена Даниила. Тем не менее, он решил питаться бобами и зерном для того, чтобы установить более высокий стандарт.

Он также решил не пить никакого вина, не говоря уже о царском вине. Он, конечно, не нарушал бы закон, если бы пил вино. В конце концовправильно смешанное и разбавленное вино было обычной частью еврейской культуры питания, и его употребление не порицалось. Исход 29:40-41 упоминает вино в связи с ежедневными приношениями. Текст Екклесиаста 9:7 ассоциирует питье вина с «радостью сердца». А в Исаии 55:1 вино даже является символом спасения. Если учесть то, что для евреев употребление вина было общепринятым делом, почему же тогда Даниил решил не пить царское вино?

Даниил знал, что лидеры, преданные особым стандартам духовного совершенства, должны будут пожертвовать чем-то лично для себя. Левит 10:8-11 иллюстрирует эту истину:

И сказал Господь Аарону, говоря: вина и крепких напитков не пей ты и сыны твои с тобою, когда входите в скинию собрания, чтобы не умереть. Это вечное постановление в роды ваши, чтобы вы могли отличать священное от несвященного и нечистое от чистого, и научать сынов Израилевых всем уставам, которые изрек им Господь чрез Моисея.

Бог установил более высокий стандарт для священства. Священники должны были воздерживаться от вина и любого крепкого напитка, чтобы не поддаться их влиянию и сохранить способность рассуждать здраво.

Аналогичным образом, другие отрывки содержат предупреждения для руководителей об употреблении вина. В Притчах 31:4-5 говорится: «Не царям, Лемуил, не царям пить вино, и не князьям — сикеру, чтобы, напившись, они не забыли закона и не превратили суда всех угнетаемых». В Луки 1:15 ангел сказал Захарии, что его сын Иоанн Креститель «не будет пить ни вина, ни сикеры». В 1 Тимофею 3:3 и Титу 1:7 говорится о том, чтобы старейшины в церкви не были зависимы от вина.

Решение Даниила относительно вина (и не кошерной еды), вовсе не было беспрецедентным. Он хотел отделить себя от пьяниц и чревоугодников вавилонского царского двора, чтобы не было путаницы между его и их стандартами. Даниил решил пить только воду. Решение не пить вино само по себе не делает никого из нас более духовным; это просто один способ, благодаря которому мы можем установить более высокий стандарт и избежать компромиссных ситуаций и проявления зла (1 Фес. 5:22). Посвященность Даниила должна ободрить всех, кто желает продвигаться вверх по пути бескомпромиссной преданности и честности.

Неземная защита

Писание постоянно говорит нам, что Богу угодна наша праведность и Он благословляет тех, кто служит и повинуется Ему. Псалом 91:13-15 гласит: «Праведник цветет, как пальма, возвышается подобно кедру на Ливане. Насаженные в доме Господнем, они цветут во дворах

Бога нашего; они и в старости плодовиты, сочны и свежи».

Жизнь Даниила соответствовала этому образцу, о чем свидетельствует то, как его приняли при дворе Навуходоносора: «Бог даровал Даниилу милость и благорасположение начальника евнухов» (Дан. 1:9). Даниил воспользовался неземной защитой Бога в очень сложных обстоятельствах.

То, что случилось с Даниилом, является обнадеживающим напоминанием о том, что Бог управляет всем, в том числе и мыслями, чувствами и поступками правителей и властей. В Притчах 21:1 говорится: «Сердце царя — в руке Господа, как потоки вод: куда захочет, Он направляет его». Ни Асфеназ, ни Навуходоносор не могли ничего сделать, чтобы изменить Божий план и благословение для жизни Даниила. Благоприятный ответ, данный Даниилу, является примером Божьего обетования в другой притче: «Когда Господу угодны пути человека, Он и врагов его примиряет с ним» (Прит. 16:7).

Такая же неземная, сверхъестественная защита будет предоставлена нам, если мы будем постоянно послушны и бескомпромиссны в нашем хождении с Господом. К сожалению, слишком многие верующие беспокоятся о том, что скажут или сделают им люди, если они будут твердо держаться Божьих принципов. Поэтому они идут на компромисс и лишаются защиты Бога. Как только вы начинаете идти по пути компромисса, это неизбежно приводит к большему искушению пойти на компромисс с еще более важными принципами. Лучше стоять твердо с самого начала, несмотря на трудные обстоятельства и кратковременные страхи.

Нисходящая спираль компромисса часто заставляет нас забывать, что Бог верен Своему народу. Псалом 105:45-46 гласит: «Он вспоминал завет Свой с ними и раскаивался по множеству милости Своей; и возбуждал к ним сострадание во всех, пленявших их». Иосиф (Быт. 39:1-4) и Моисей (Евр. 11:23-29) научились вести бескомпромиссную жизнь среди трудностей, потому что они знали, что Бог сможет защитить и благословить их. Божья верность все та же. Если Он хочет, чтобы вы поднялись на видное место в обществе, на работе, в церкви или в любой ситуации, Он сделает это. Ваша обязанность — повиноваться Его Слову и жить с подлинной принципиальностью.

Настойчивость, не видящая преград

Хотя Даниил, с помощью Божьего суверенного вмешательства, и произвел благоприятное впечатление на Асфеназа и других царских чиновников, он не сразу получил разрешение питаться согласно предложенной вегетарианской диете. Но все же он был неустрашим и проявил еще одну черту принципиальности — настойчивость, которая не видит преград.

Асфеназ, начальник евнухов, дал первый официальный ответ на бесстрашную просьбу Даниила об альтернативном меню: «начальник евнухов сказал Даниилу: „Боюсь я господина моего, царя, который сам назначил вам пищу и питье; если он увидит лица ваши худощавее, нежели у отроков, сверстников ваших, то вы сделаете голову мою виновной перед царем"» (Дан. 1:10).

Хотя Асфеназ проявил сочувствие к Даниилу, он еще не был готов рискнуть всем ради него и его друзей. Но это не остановило Даниила. Дипломатично и решительно он просто выбрал альтернативный вариант, чтобы получить желаемый ответ. Он обратился к надзирателю более низкого ранга, который следил за ним и его тремя друзьями — предположительно, к человеку, который не так боялся Навуходоносора, так как не был в непосредственном подчинении у царя. Поэтому Даниил полагал, что этот человек, скорее всего, удовлетворит его просьбу.

Настойчивость Даниила сильно отличается от того, что проявляют многие в подобной ситуации. Они сдаются при первых признаках сопротивления и ищут оправдания своему поведению следующим образом: «я пытался настаивать на том, что правильно, но видел, что ничего не получается, поэтому просто плыл по течению и делал то же, что и другие». Некоторые пытаются прибегнуть к альтернативным решениям, лежащим на поверхности, но если это не срабатывает, опускают руки. Однако бескомпромиссный дух принципиальности никогда не сдается.

Апостол Павел послужил примером такого духа, когда он отправился в Иерусалим, где его ждал арест. Он настоял на исполнении открытой ему воли Бога, даже когда верующие, вместе с Агавом, с благими намерениями пытались отговорить его от этого (Деян. 21:10-12). Павел сказал старейшинам Ефеса о препятствиях: «Но я ни на что не взираю и не дорожу своею жизнью, только бы с радостью совершить поприще мое и служение, которое я принял от Господа Иисуса, проповедать Евангелие благодати Божией» (Деян. 20:24).

Такова же была и позиция Даниила. Его убеждения были твердыми и нерушимыми. Даниил не сдался только из-за того, что Асфеназ не выполнил его первоначальную просьбу. Один из ключевых признаков принципиальности — настойчивость в том, что правильно.

Непоколебимая вера

Даниил, в присущей ему смелой манере, попросил над-
зирателя назначить десятидневный испытательный срок:
«сделай опыт над рабами твоими в течение десяти дней;
пусть дают нам в пищу овощи и воду для питья; и потом
пусть явятся перед тобою лица наши и лица тех отроков,
которые питаются царской пищей, и затем поступай
с рабами твоими, как увидишь» (Дан. 1:12-13). Даниил верил, что Бог подтвердит его правоту в вопросе пищи ре-
зультатами этого испытания. Святой, бескомпромиссный
образ жизни Даниила вселил в него абсолютную уверенность в Господе. Непоколебимая вера является необходи-
мой спутницей принципиальной жизни.

Несмотря на то, что Даниил многое пережил во
время пленения, он никогда не терял надежду на Бога.
Он твердо верил, что Господь заступится за него и его
друзей. По сути, он хотел дать понять Асфеназу и его по-
мощнику: «Я подвергну свою веру испытанию, и Бог
воздаст мне за мой бескомпромиссный дух».

Когда у нас будет чистая, непоколебимая вера, от-
стаивающая определенные принципы – противодействие
греху и злу, честность, борьба за истину и обличение за-
блуждений – Бог благословит эту веру. Источником таких
стандартов праведности является Его Слово, которому
Он сделал нас способными повиноваться через веру.

Первая глава книги Даниила заканчивается на пози-
тивной ноте и подчеркивает характеристики принципиальности, которые мы только что обсудили. Надзиратель
согласился на предложенную Даниилом проверку питания и здоровья, и провел необходимую оценку через десять
дней (1:14-16). По милости Божьей, помощник Асфеназа

увидел положительные результаты такой диеты. Таким образом, Даниилу и его друзьям было позволено продолжать питаться в соответствии с их решением и избегать компромисса. В последующие месяцы и годы Даниил и его спутники получили много благословений и привилегий в Вавилоне. Они стали элитой среди тех молодых людей, которые были приняты на службу при дворе самого Навуходоносора (см. 1:17-21).

Опыт Даниила является потрясающей иллюстрацией Божьего суверенного благословения, объединившего усилия с полной посвященностью человека самым высоким принципам. Говоря по-человечески, успех Даниила зависел от его посвящения. Но с Божьей точки зрения все, что произошло с Даниилом, было полностью по Его изволению. Взаимодополняющие истины о суверенитете Бога и нашей посвященности неразрывно связаны и применимы в нашей жизни, когда мы стремимся бескомпромиссно жить для Него. Мы должны понимать, что наша посвященность исключительным стандартам Даниила, которые на самом деле являются обычными Божьими стандартами, будет подвергнута испытаниям этого мира (ср. Ин. 16:33; Иак. 1:2-3). Но мы можем быть уверены в положительных результатах таких испытаний так же, как в них был уверен Даниил (ср. Иов. 23:10).

Даниил и его друзья не пошли на компромисс, и мы не должны делать этого. Библейские принципы, на которых стоял Даниил, так же реальны, практичны и надежны для нас, как и для него (ср. 1 Кор. 10:11). Мы увидим это в следующей главе, когда рассмотрим принципиальность Даниила и его друзей, когда они столкнутся с огнем и львами.

Итог главы

Бескомпромиссная жизнь Даниила — превосходный и безупречный пример того, что значит жить жизнью принципиальности.

Начало (выберите что-то одно)

• Назовите имя человека, который вдохновляет вас примером принципиальной жизни. Кратко объясните почему именно его или ее вы выбрали. (Этот человек может быть тем, кого вы знаете лично или он знаком другим участникам вашей группы).

• В современной культуре все более сложно понять, где находится грань между принципиальностью и компромиссом в отношении определенных убеждений и обычаев. Обсудите, что представляет для вас особую трудность.

Ответьте на вопросы

• На какие личные качества обращает внимание мир при подборе кандидата на важный руководящий пост (см. Дан. 1:3-4)?

• Как термин «халдейский» стал синонимом термина «вавилонский»?

• Какую конечную цель преследовали вавилоняне в программе перевоспитания Даниила?

• Перечислите главных библейских героев, которые проявили мужество и доверие Господу.

• Каким образом Бог установил высший стандарт для священников (Лев. 10:8-11)? Применимо ли это для церковного руководства в наши дни?

• Когда и как апостол Павел проявил стойкость, подобную стойкости Даниила (см. Деян. 20:24; 21:10-14)?

• Каких главных стандартов придерживается искренняя вера? Что является источником таких стандартов?

Фокусируясь на молитве...

• Вновь обратите внимание на пять характеристик принципиальности, о которых говорилось в этой главе, и попросите Бога укрепить вас в том, в чем вы еще проявляете слабость в своей жизни.

• Просите Бога помочь вам использовать Писание в моментах, когда вы стараетесь обозначить границы ваших убеждений. Проведите больше времени в молитве если вы столкнулись с обстоятельствами, которые испытывают ваше решение оставаться бескомпромиссным.

Применяя истину...

Прочитайте всю книгу пророка Даниила за следующие две недели. Делайте заметки каждый день и записывайте конкретные стихи, которые говорят вашему сердцу о мудрости и принципиальности Даниила. (Один из отрывков, которому важно посвятить дополнительное время для изучения и размышления, будет молитва Даниила в 9:4-19).

5

ОГОНЬ И ЛЬВЫ

В современной истории церкви все великие миссионеры и первопроходцы были принципиальными людьми, которые постоянно стремились жить согласно самым высоким духовным стандартам. Хадсон Тейлор, основатель «Внутрикитайской миссии» в 1866 году, не был исключением. Будучи относительно молодым верующим в начале 1850-х годов, Тейлор почувствовал себя в долгу перед миллионами неспасенных людей в Китае. Вскоре после того, как Господь призвал его на миссионерское служение, Хадсон Тейлор сформулировал для себя принцип, о котором он писал следующее: «Сойдя на берег в Китае, – размышлял я, – я не буду ничего ни от кого требовать. Я буду обращаться только к Богу. Прежде чем покинуть Англию, важно научиться добиваться желаемого лишь с помощью молитвы»[14].

После того, как он решил отправиться в Китай, Тейлор начал следовать своему принципу: полагаться лишь только на Бога во всех своих нуждах. Благодаря помощи

---

[14] Тейлор Г., Тейлор М. Духовный секрет Хадсона Тейлора. М.: МРО БЦХВЕ «Слово жизни», 2006, с. 32.

и верности Господа он всегда оставался верным этому решению. В качестве примера для нас осталась известная история с его зарплатой. Тейлор писал:

Этот вечер я провел, как обычно проводил мои субботние вечера, в чтении Слова и подготовке темы, на которую я завтра планировал говорить перед обитателями нескольких ночлежных домов. Я подождал, возможно, немного дольше, чем обычно. Наконец, около десяти часов, когда вокруг все стихло, я надел пальто и готовился уехать домой, благодарный за то, что к тому времени, когда я буду открывать двери своей квартиры, моей хозяйки уже не будет там. В ту ночь я не ожидал никакой помощи. Но, возможно, Бог вступится за меня [с выплатой зарплаты] к понедельнику, и я смогу заплатить моей хозяйке в начале недели те деньги, которые я заплатил бы ей раньше, если бы это было возможно.

Как раз, когда я собирался выключить лампу, я услышал шаги доктора [работодателя Тейлора] в саду, который находился между жилым домом и операционной. Он от души смеялся про себя, как будто был очень удивлен. Подойдя к своему кабинету, он попросил приходно-расходную книгу и сказал мне, что, как ни странно, один из его самых богатых пациентов только что пришел, чтобы оплатить счет врача. Разве это не странная вещь? Я даже не подумал, что это может иметь какое-то отношение к моему собственному делу. Глядя на это просто с позиции незаинтересованного лица, я также был очень удивлен тем, что этот богатый человек пришел после десяти часов вечера, чтобы оплатить счет, который

*он мог бы легко отправить в любой день при помо-
щи чека. Оказалось, что, так или иначе, он не мог
смириться с этим в своих мыслях и был вынужден
прийти в тот необычный час, чтобы выполнить
свой долг.*

*Счет был должным образом оформлен в бухгалтер-
ской книге, и доктор Харди собирался уйти, когда он
неожиданно повернулся и вручил мне только что
полученные банкноты, и к моему удивлению и благодарности сказал: «Кстати, Тейлор, Вы можете взять
эти купюры. У меня нет мелочи, но я могу дать это
вам в счет следующей недели».*

*Я не подал вида, но с нетерпением ждал возможно-
сти вернуться в свою комнату и восхвалять Господа с радостным сердцем, что в конце концов я смогу
поехать в Китай[15].*

Эта история фактически ознаменовала счастливый конец
целой недели, в течение которой была проверена принципиальность Хадсона Тейлора. Несколько раз у него было
сильное искушение оставить свою решимость уповать на
Господа в пользу возможности выполнить свои финан-
совые обязательства. Поскольку зарплата задерживалась,
а средства заканчивались, Тейлор мог взять ситуацию
в свои руки и просто напомнить своему начальнику
о причитающихся ему деньгах. Но он решил придерживаться своих убеждений, и Бог вознаградил его за это.
Урок, который мы должны извлечь из этого рассказа, состоит не в том, что мы должны принять для себя такие же

---

[15] Там же, 41-42.

убеждения по отношению к финансам, как у Хадсона Тейлора; и не в том, что на все наши молитвы мы получим ответ именно тогда и так, как мы это ожидаем; и уж никак не в том, что Бог автоматически устранит все трудности с нашего жизненного пути. Однако на примере Тейлора мы можем узнать, насколько Бог ценит дисциплину и последовательность в вопросах личной принципиальности. В итоге Господь вознаграждает тех, кто не желает отклоняться от пути, к которому Он призвал их: «Ибо Господь Бог есть солнце и щит, Господь дает благодать и славу; ходящих в непорочности Он не лишает благ. Господи сил! Блажен человек, уповающий на Тебя!» (Пс. 83:12-13).

Принципиальность, испытанная огнем

В предыдущей главе мы сосредоточились на примере бескомпромиссной жизни Даниила и кратко упомянули его трех товарищей в Вавилоне – Седраха, Мисаха и Авденаго. Они также являются яркими примерами библейской принципиальности, потому что следовали примеру Даниила и не шли наперекор своим убеждениям. Есть еще один хорошо известный рассказ из книги Даниила, который дополняет их наследие непоколебимой принципиальности – их опыт в огненной печи. Там они столкнулись с гораздо более серьезной дилеммой, чем предыдущая. В вопросах питания идолопоклонство было вторичным следствием, но на этот раз это стало проблемой номер один. Эти юноши (к тому времени они уже не были подростками) знали, что по закону Божьему идолопоклонство является грехом (Исх. 20:2-6; Втор. 4:15-19).

Вызов принципиальности

Неприятности начались для Седраха, Мисаха и Авденаго, когда царю Навуходоносору приснился сон (Дан. 2:31-35). Он увидел образ огромной внушительной статуи с золотой головой, телом и ногами из серебра, бронзы, железа и глины. Золотая голова символизировала собственную голову Навуходоносора (ст. 38), это настолько впечатлило его, что он построил себе настоящую золотую статую (3:1).

Гигантская статуя была грандиозным проектом, который удовлетворял гордыню Навуходоносора. Он просто делал то, что делают все неверующие: поклонялся себе и, фактически, ставил себя выше Бога. Царь потребовал, чтобы все его подданные поклонились перед статуей — и они сделали это, за исключением трех друзей Даниила. Они сохраняли свою принципиальность и твердую преданность истинному Богу и Его закону, даже рискуя умереть: «А кто не падет и не поклонится, тотчас брошен будет в печь, раскаленную огнем» (Дан. 3:6).

Преследования за принципиальность

Твердо отстаивая то, что было правильным и не желая идти на компромисс, Седрах, Мисах и Авденаго сделали себя мишенью для жесткого противостояния и преследований со стороны вавилонян. Многие из придворных чиновников более низкого ранга уже возмущались Даниилом и его друзьями за то, что они получили лучшие из государственных должностей (ср. Дан. 2:48-49). Теперь у них было еще больше оснований выступать против них: «Есть мужи Иудейские, которых ты поставил над делами страны Вавилонской: Седрах, Мисах и Авденаго; эти мужи не повинуются повелению твоему, царь, богам твоим не служат и золотому истукану, которого ты поставил, не поклоняются» (3:12).

Царь был в ярости, когда услышал об этом, и приказал им явиться пред ним (ст. 13). Не поддавшись давлению своего окружения последовать за толпой, которая поклонялась статуе, теперь все трое подверглись коварной попытке завистливых чиновников заставить их подчиниться указу Навуходоносора (ст. 14-15).

По большей части, друзья Даниила хранили молчание перед лицом разгневанного царя. Их спокойное мужество – лучший пример принципиальности, нежели самый обоснованный, логичный и откровенный ответ. Их молчание было их смиренным признанием того, что они действительно повинны в том, что не поклонились идолу. Единственный ответ, который они посчитали необходимым – это одно из самых смелых утверждений веры во всем Писании: «Бог наш, Которому мы служим, силен спасти нас от печи, раскаленной огнем, и от руки твоей, царь, избавит. Если же и не будет того, то да будет известно тебе, царь, что мы богам твоим служить не будем и золотому истукану, которого ты поставил, не поклонимся» (ст. 17-18).

Праведность следует за принципиальностью

Принципиальность, посвященность необычайно высокому стандарту, проявленная в жизни Даниила, была также очевидна в жизни Седраха, Мисаха и Авденаго. Степень их верности и любви к Господу была настолько высока, что они смогли встать посреди огромной толпы на равнине Дура́, где все склонились перед золотым изображением. Их принципиальность была настолько крепкой, что они смогли противостоять давлению своего окружения, которое так часто заставляет верующих пойти на поводу у желаний толпы.

Их поразительная непоколебимость является свидетельством их верности стандарту праведности, твердо основанному на том, что Слово Божье говорит о чистоте поведения (Пс. 118:11). Они знали, что участь их тел не имеет значения, лишь бы их души сохранили верность Господу. Как утверждал Иов: «Вот, Он убивает меня, но я буду надеяться; я желал бы только отстоять пути мои пред лицом Его!» (Иов. 13:15).

Решимость Седраха, Мисаха и Авденаго вскоре была подвергнута окончательному испытанию в огненной печи по причине ярости и упрямства Навуходоносора в ответ на их решительное нежелание поступиться истиной: «Тогда Навуходоносор исполнился ярости, и вид лица его изменился на Седраха, Мисаха и Авденаго, и он повелел разжечь печь в семь раз сильнее, нежели как обыкновенно разжигали ее» (ст. 19). Теперь их единственной надеждой избежать смерти было сверхъестественное вмешательство Бога. Возможно, они вспоминали слова Бога, которые Он сказал через пророка Исаию: «Будешь ли переходить через воды, Я с тобою, – через реки ли, они не потопят тебя; пойдешь ли через огонь, не обожжешься, и пламя не опалит тебя» (43:2).

В Книге Даниила 3:20-23 описано то, что произошло дальше:

И самым сильным мужам из войска своего приказал связать Седраха, Мисаха и Авденаго и росить их в печь, раскаленную огнем. Тогда мужи сии связаны были в исподнем и верхнем платье своем, в головных повязках и в прочих одеждах своих, и брошены в печь,

*раскаленную огнем. И как повеление царя было стро-
го и печь раскалена была чрезвычайно, то пламя огня
убило тех людей, которые бросали Седраха, Мисаха
и Авденаго. А сии три мужа, – Седрах, Мисах и Авденаго, – упали в раскаленную огнем печь связанные.*

Принципиальность приносит награду

Господь суверенно и милостиво вознаградил непоколебимую веру и преданность этих трех людей, чудесным образом придя им на помощь. Когда трое товарищей были
безжалостно брошены в печь, царь был поражен тем, что
произошло дальше: «Навуходоносор царь изумился, и поспешно встал, и сказал вельможам своим: не троих ли мужей бросили мы в огонь связанными? Они в ответ сказали
царю: истинно так, царь! На это он сказал: вот, я вижу
четырех мужей несвязанных, ходящих среди огня, и нет им
вреда; и вид четвертого подобен сыну Божию» (ст. 24-25).
Четвертый человек мог быть воплощенным Христом
(ср. Быт. 18:1-3) или одним из ангелов с небес. Кто бы это
ни был, Бог послал его, чтобы сохранить жизнь Седраха,
Мисаха и Авденаго среди сильного пламени.

Поразительный поступок трех друзей Даниила в самых сложных обстоятельствах вновь является выдающимся свидетельством ценности личной принципиальности,
основанной на слове Бога. Такая сила характера может
провести нас через все жизненные взлеты и падения,
особенно когда мы знаем, что Бог будет доволен нашим
ответом: «ибо все заповеди Его предо мною, и от уставов
Его я не отступал. Я был непорочен пред Ним и остере-
гался, чтобы не согрешить мне и воздал мне Господь
по правде моей, по чистоте рук моих пред очами Его»
(Пс. 17:23-24).

Свидетельство трех друзей Даниила имело дополнительный эффект, побудив могущественного Навуходоносора воздать должное Богу и в конечном счете благословить всех троих:

Тогда Навуходоносор сказал: благословен Бог Седраха, Мисаха и Авденаго, Который послал Ангела Своего и избавил рабов Своих, которые надеялись на Него и не послушались царского повеления, и предали тела свои огню, чтобы не служить и не поклоняться иному богу, кроме Бога своего! И от меня дается повеление, чтобы из всякого народа, племени и языка кто произнесет хулу на Бога Седраха, Мисаха и Авденаго, был изрублен в куски, и дом его обращен в развалины, ибо нет иного бога, который мог бы так спасать. Тогда царь возвысил Седраха, Мисаха и Авденаго в стране Вавилонской (Дан. 3:28–30).

Выражение «предали тела свои» стоит отметить особенно потому, что языческий царь сказал о том, о чем говорит апостол Павел в Римлянам 12:1-2: «Итак, умоляю вас, братия, милосердием Божиим, представьте тела ваши в жертву живую, святую, благоугодную Богу, для разумного служения вашего, и не сообразуйтесь с веком сим, но преобразуйтесь обновлением ума вашего, чтобы вам познавать, что есть воля Божия, благая, угодная и совершенная».

Друзья Даниила действительно были достойными предшественниками всех верующих, которые стремятся к подлинной принципиальности. Ключ к такой принципиальности — не в чем-то таинственном или эзотерическом — нужно всего лишь постоянно быть верными, послушными и жертвенными учениками по образцу того, что записано в 12 главе Послания к римлянам.

Принципиальность во львином рву

По причинам, известным только нашему Господу, Даниил не участвовал в огненном испытании в печи. Однако много лет спустя, Бог по своему изволению поставил Даниила в опасную ситуацию из-за его готовности быть бескомпромиссным в своем поклонении Ему. И, подобно своим товарищам, Даниил навлек на себя гнев завистливых интриганов, которые терпеть не могли его принципиальную позицию.

На протяжении всей своей жизни Даниил продолжал удивлять вавилонян своим выдающимся характером. Его государственная деятельность была непревзойденной: «Даниил превосходил прочих князей и сатрапов, потому что в нем был высокий дух, и царь помышлял уже поставить его над всем царством» (Дан. 6:3). Хотя фраза «высокий дух» в первую очередь относится к способности Даниила толковать сны и видения, она также указывает и на его неизменную принципиальность, безупречное поведение и отношение к повседневным обязанностям.

Принципиальность вызывает сопротивление

Любой, кто рассматривает ситуацию Даниила с позиции независимого и беспристрастного наблюдателя, будет удивлен горечью и завистью чиновников по отношению к нему. У него не было очевидных недостатков характера, которые вызывали бы оправданное порицание. Поэтому, когда противники Даниила начали плести интриги против него, им пришлось проявить изобретательность в своих замыслах: «Не найти нам предлога против Даниила, если мы не найдем его против него в законе Бога его» (Дан. 6:5). Другими словами, несравненная принципиальность Даниила привела к тому, что его преследовали за праведность. Ирония заключалась в том, что его оппоненты смогли найти повод для этого только в его полной преданности Богу.

Враги Даниила в конце концов умудрились принять новый закон, касающийся верности царю. Они убедили царя Дария, правителя мидян и персов, издать указ, не предполагающий исключений и запрещающий кому-либо обращаться с прошением к любому богу или человеку, кроме него (ст. 7). Наказанием за нарушение этого нового закона будет смерть. Но это не помешало Даниилу сохранить бескомпромиссное послушание Господу.

Принципиальность не ищет легких путей

Наивысшие стандарты праведности и принципиальности, которыми руководствовался Даниил, просто не позволили бы ему подчиниться новому указу царя, невзирая на всю его строгость и неизменность в соответствии с известной традицией мидян и персов. В 6:10 сказано: «Даниил же, узнав, что подписан такой указ, пошел в дом свой; окна же в горнице его были открыты против Иерусалима, и он три раза в день преклонял колени, и молился своему Богу, и славословил Его, как это делал он и прежде того».

Учитывая обстоятельства, Даниил мог пойти по легкому пути, проявить больше осторожности, поступившись высокими стандартами принципиальности. Но он этого не сделал. Он мог бы не рисковать и прекратить свои ежедневные молитвы Богу на следующие тридцать дней, но он оставался верным своим принципам. Но не в характере Даниила было поддаться запугиванию со стороны его недоброжелателей и пойти на компромисс с истиной.

Поскольку Даниил не уклонился от своей устоявшейся традиции личной молитвы и преданности истинному Богу, его враги вскоре подловили его на этом и сообщили о нем царю Дарию. Писание ничего не говорит о том, что ответил Даниил. Как и его друзьям, ему не не нужно было искусно оправдываться. Его сильная вера и доверие Богу помогли бы ему пройти через все, что Дарий сделал бы с ним.

Принципиальность прославляет Бога

Царь Дарий, должно быть, очень уважал Даниила, потому что он деятельно и во всеуслышание беспокоился о его благополучии. Чтобы избавить Даниила от наказания, Дарий искренне, но тщетно пытался найти какую-то лазейку в новом законе. Но не найдя ничего, царь неохотно согласился с пожеланиями гонителей Даниила, повиновался закону, который он подписал, и приказал, чтобы Даниил был брошен в львиный ров (что было не чем иным, как способом казни). Однако будучи вынужден исполнить свой долг, Дарий сделал потрясающее утверждение: «Тогда царь повелел, и привели Даниила, и бросили в ров львиный; при этом царь сказал Даниилу: Бог твой, Которому ты неизменно служишь, Он спасет тебя» (6:16). Какое сильное свидетельство о подлинности веры Даниила и о том, какое сильное впечатление произвела его принципиальная жизнь! Это говорит о том, что Дарий был готов отдать должное истинному Богу, потому что он был свидетелем бескомпромиссной жизни Даниила и его превосходной государственной службы.

Даниил же молчал до тех пор, пока Бог не избавил его от львиной пасти. Даниил, по сути, позволил суверенному ходу событий реабилитировать репутацию как Господа, так и его самого:

И принесен был камень и положен на отверстие рва, и царь запечатал его перстнем своим и перстнем вельмож своих, чтобы ничто не переменилось в распоряжении о Данииле. Затем царь пошел в свой дворец, лег спать без ужина и даже не велел вносить к нему пищи, и сон бежал от него. Поутру же царь встал на рассвете и поспешно пошел ко рву львиному, и, подойдя ко рву, жалобным голосом кликнул Даниила, и сказал царь Даниилу: Даниил, раб Бога живого! Бог твой, Которому ты неизменно служишь, мог ли спасти тебя от львов? Тогда Даниил сказал царю: царь! вовеки живи! Бог мой послал Ангела Своего и заградил пасть львам, и они не повредили мне, потому что я оказался пред Ним чист, да и перед тобою, царь, я не сделал преступления. Тогда царь чрезвычайно возрадовался о нем и повелел поднять Даниила изо рва; и поднят был Даниил изо рва, и никакого повреждения не оказалось на нем, потому что он веровал в Бога своего (Дан. 6:17-23).

Испытания веры и принципиальности далеко не всегда завершаются так благополучно. Иов был самым честным, праведным человеком своего времени, но Бог позволил сатане поразить его. Исаия верил в Бога, но его распилили пополам. Стефан был превосходным дьяконом и проповедником Евангелия, но он был побит камнями. Павел верил в Бога, но он был заключен в тюрьму и в итоге обезглавлен. Все эти рабы Божьи, подобно Даниилу и его друзьям, жили последовательной, верной жизнью. Каждый исполнил свое призвание и желал исполнять только волю Бога, будь то в жизни или в смерти.

С человеческой точки зрения, нет простого способа измерить силу жизни и служения, основанных на принципиальности и добродетели. В следующей главе мы попытаемся глубже понять ценность такой жизни, рассмотрев еще один пример – апостола Павла.

Итог главы

Огненная печь и львиный ров вместе с жестоким противостоянием мирских недругов стали испытанием для Даниила и его друзей, но не смогли разрушить их принципиальности.

Начало (выберите что-то одно)

• Обсудите ваши размышления о мудрости в том, чтобы держаться личных убеждений по отношению к вопросам, о которых Писание дает строгих указаний. Если вы когда-то пытались придерживаться таких принципов, было ли это столь успешно, как опыт Хадсона Тейлора?

• С давлением со стороны сверстников нелегко справиться. Насколько серьёзной проблемой это является для вас дома, на работе, в школе? Как вы справляетесь с ней?

Отвечая на вопросы

• Что подтолкнуло Навуходоносора к постройке огромной статуи в книге Даниила?

• Почему сатрапы рангом ниже противостояли трем друзьям Даниила? Что усиливало это противление?

• В чем заключался необычайно высокий стандарт, который позволял друзьям Даниила противостоять толпе?

• Как поведение этих трех юношей повлияло на царя?

• На какие два качества характера Даниила указывала фраза «высокий дух»?

• Почему противники Даниила должны были, чтобы уловить его?

• Как поведение Даниила повлияло на слова и действия царя Дария?

Фокусируясь на молитве...

• Молитесь о служении миссионеров в разных регионах (например, в исламских странах), где культура особенно враждебна по отношению к Евангелию. Если вы знаете имена конкретных миссионеров, которые могут столкнуться с гонениями, молитесь о них.

• Просите Бога помочь вам быть усердным и честным во всем, что вы делаете, а также избегать искушений искать более легкий путь.

Применяя истину

Выучите наизусть Псалом 17:22-23 или 83:12-13, ищите возможности поделиться этим с кем-то на протяжении месяца.

6

ЗАЩИЩАЯ ПРИНЦИПИАЛЬНОСТЬ

Чарльз Сперджен, выдающийся проповедник девятнадцатого века, сказал в одной из своих поздних проповедей: «Если бы у меня была тысяча жизней, то я пожелал бы прожить их все ради Христа. Но даже и тогда я бы отдал Христу слишком мало за Его великую любовь ко мне»[16].

Сперджен был пастором и христианским лидером, который действительно любил Господа и честно защищал Его дело. Этот факт максимально четко проявил себя, в конце 1880-х годов, всего за несколько лет до его смерти. Именно тогда Сперджен оказался в эпицентре церковного спора, известного как Downgrade Controversy (Спор о либерализме). Эта доктринальная дискуссия началась в протестантских церквях Англии (особенно в Баптистском союзе), когда Сперджен больше не мог сдерживать критики по поводу отхода церкви от здравой доктрины и практики. Многие церкви и их пасторы, которые ранее придерживались консервативных и евангельских позиций,

---

[16] Цитата из Иан Мюррей, Забытый Сперджен. Минск: Евангелие и Реформация, 2003, с. 29.

стали более терпимыми к теориям, которые подрывали авторитет Писания и его взгляд на человека. Сперджен также заметил отклонение от доктрин Реформации, где первостепенную роль играет Божья суверенная благодать в спасении грешников. С кафедры и со страниц своего журнала «Меч и шпатель» он мужественно и последовательно отстаивал истину и призывал простых верующих противостоять ложному учению и твердо держаться основ христианства.

Однако волна доктринального упадка среди церквей во времена Чарльза Сперджена продолжала расти. Он был вынужден с чистой совестью покинуть Баптистский Союз. Вскоре после его смерти в 1890 году некоторые из сторонников Сперджена создали новое общество под названием Библейская лига, чтобы продолжить борьбу за доктринальную чистоту и практическую ортодоксальность среди евангельских церквей. В течение месяцев противостояния Сперджен подвергался резкой критике со стороны своих противников, но он никогда не отказывался от защиты истины. Приведенный ниже отрывок из проповеди «Что-то, сделанное для Иисуса», которую он произнес во время этого противостояния, раскрывает истинную природу праведных побуждений и истинной принципиальности Сперджена:

Мы любим наших братьев ради Иисуса, но Он – главный среди тысяч, и весь Он – любезность. Мы не могли бы жить без Него. Наслаждаться Его обществом есть блаженство для нас, ибо когда Он прячет Свой лик от нас, наступает полночь скорби... О, Боже, дай нам силы жить, умереть, трудиться и страдать не иначе как ради Него и единственно ради

*Него! ... Если поступок, совершенный ради Христа,
ввергнет вас в неуважение, и вы больше никому не
сможете принести пользы, тем не менее соверши-
те его. Моё достоинство, популярность и полез-
ность – это ничто в сравнении с верностью Господу
Иисусу. Пускай небеса упадут, но пусть благочестивый человек останется покорным своему Господу
и верным Его истине. О человек Божий, будь праведен и не бойся! Последствия принадлежат Богу, а не
тебе. Если ты совершил ради Христа доброе дело,
то, хотя бы твоим бедным затуманенным глазам
казалось при этом, что из этого вышло великое зло,
тем не менее доверши его. Христос обратит на него внимание и примет его, а ты почувствуешь, как
Он одобрительно улыбнется тебе[17].*

Павел защищает свою принципиальность

Защита истины Чарльзом Спердженом и его принципиальность стоит в одном ряду с наследием апостола Павла.
На протяжении всего своего служения Павел сталкивался
с противодействием тех, кто ненавидел Евангелие и хотел
извратить его проповедь ради своих собственных целей.
Основными противниками были лжеучители из Коринфа.
Они обвинили его в некомпетентности, необразованно-
сти, непривлекательности и безразличии. Вследствие того
Павел вопреки своим обычаям был вынужден защищать
себя и свое служение. Он не искал славы себе, но знал,

---

17 Цитата из «Забытый Сперджен», с. 203. Более полное обсуждение
спора и его значения для современной церкви см. в приложении к моей книге «Я не стыжусь благовествования» [Сакраменто: Grace, 2011], с. 241-276).

что Евангелие и имя Господа нужно защищать от тех, кто стремится уничтожить истину.

Вскоре лжеучителям стало ясно, что если они собираются ввести верующих в Коринфе в заблуждение и ложное Евангелие в дополнение к тому, чтобы разбогатеть, обрести влияние и престиж, то им придется разрушить принципиальную репутацию[18] Павла. Поскольку именно Павел основал церковь в Коринфе и наставлял ее, лжеучителям прошлось бы подорвать доверие церкви к нему для того, чтобы заменить его учение своим собственным.

Если бы противники Павла в Коринфе смогли уничтожить его репутацию в отношении принципиальности, они также сумели бы покончить и с полезностью, плодотворностью и способностью Павла служить Господу. Поэтому Павел должен был защитить свою принципиальность. Хотя он признавал свое собственное смирение в служении – «но сокровище сие мы носим в глиняных сосудах» (2 Кор. 4:7), – он также понимал реальную проблему и важность правильного взгляда на принципиальность: «чтобы преизбыточная сила была приписываема Богу, а не нам» (ст. 7).

Важной целью любого духовного лидера является приобретение доверия людей через искреннюю принципиальность. По примеру Павла поведение лидера должно заслуживать доверия и соответствовать его словам. Но стоит лидеру проявить лицемерие в любой области служения, какой бы незначительной она не казалась, он теряет все, над чем трудился, и доверие к нему рушится.

---

[18] В англ. использовано все то же слово *integrity*, которое мы обычно переводим как принципиальность. Здесь и далее в этом разделе его смысловым оттенком является честное имя или репутация – *прим. ред.*

Вот чего боялся Павел, когда он противостоял слухам и клевете, распространяемым лжеучителями в Коринфе.

Павел использовал свое Второе послание к коринфянам, посвятив некоторую его часть для защиты перед церковью своей репутации в отношении принципиальности. Второе послание к коринфянам 5:11 гласит: «Итак, зная страх Господень, мы вразумляем людей, Богу же мы открыты; надеюсь, что открыты и вашим совестям». Павел хотел, чтобы церковь понимала и принимала его искренность во всем, как это знал Бог.

Когда Павел начал защищать свою принципиальность, здравый смысл подсказывал ему не тратить больше времени и сил на защиту своей репутации (2 Кор. 5:12), ведь коринфяне уже хорошо знали о его последовательном характере и о том, что он сделал. Тем не менее, из-за коварного, настойчивого и часто злобного характера нападок со стороны его врагов, Павел привел для коринфян несколько аргументов, чтобы убедить их в его принципиальности.

Благоговение Павла перед Господом

Первой причиной, которую Павел предложил в защиту своей принципиальности, был его «страх перед Господом» (2 Кор. 5:11). Страх в этом контексте означает не «боязнь», а «почтение» и «благоговение». Несколько мест Писания иллюстрируют это:

Начало мудрости – страх Господень, и познание Святого – разум (Прит. 9:10).

Церкви же по всей Иудее, Галилее и Самарии были в покое, назидаясь и ходя в страхе Господнем; и, при утешении от Святого Духа, умножались (Деян. 9:31).

Итак, возлюбленные, имея такие обетования, очистим себя от всякой скверны плоти и духа, совершая святыню в страхе Божием (2 Кор. 7:1).

Иметь страх Господень — значит настолько благоговеть перед ним, чтобы всем сердцем стремиться к Его святости и служению Ему. Вне всякого сомнения, это осуществилось в жизни Павла. Он был настолько предан славе Божьей, что даже мысли о возможном пренебрежении именем Господа огорчали его. Поэтому глубокое благоговение Павла перед Богом стало для него мощным стимулом защищать свою репутацию по отношению к принципиальности.

Люди иногда спрашивают меня, что самое тяжелое в незаслуженной критике. Я говорю им, что более всего меня тревожит и смущает то, что несправедливая критика может заставить других поверить в то, что я бесчещу Бога. Вот что огорчило Павла в связи с обвинениями лжеучителей — он знал, что они хотят ввести в заблуждение о нем верующих в Коринфе.

Благоговейное понимание Божьего величия — вот что характеризует Павла. Иначе он не мог бы сказать: «Царю же веков нетленному, невидимому, единому премудрому Богу честь и слава во веки веков. Аминь (1 Тим. 1:17)?

Павел как бы подводит итог своей жизни в увещевании, которое он дал римским христианам: «Итак, умоляю вас, братия, милосердием Божиим, представьте тела ваши в жертву живую, святую, благоугодную Богу, для разумного служения вашего» (Рим. 12:1). Его благоговение пред Господом было искренним, и он был огорчен, когда враги истины пытались подорвать его репутацию по отношению к принципиальности и поставить под угрозу его способность учить и проповедовать. Поэтому Павел был обязан защищать свою репутацию не ради себя, а ради Бога.

Забота Павла о церкви

Хорошо известно, насколько Павел заботился о церкви в Коринфе (ср. 1 Кор. 1:10). Но его заинтересованность в их духовном благополучии еще более возросла ввиду потенциального вреда, который могли нанести церкви лжеучители. Он был обеспокоен тем, что лжеучители в конечном итоге приобретут себе последователей и их влияние в общине усилится, что приведет к богословской войне между их группировкой и Павлом и его сторонниками. Единство церкви будет разрушено, за чем последуют и другие негативные результаты: дискредитация руководства, угасание духовного роста членов церкви и препятствия в благовестии окружающим.

Ответ Павла на угрозы против коринфской церкви поучителен для всех, кто стремится к принципиальности. Вместо того чтобы прыгать в риторические окопы и пытаться парировать каждую деталь критики и наговора лжеучителей, Павел избрал более мудрый подход: «Не снова представляем себя вам, но даем вам повод хвалиться нами, дабы имели вы что сказать тем, которые хвалятся лицом, а не сердцем» (2 Кор. 5:12). Апостол знал, что, несмотря на все опасности для церкви, нецелесообразно пытаться строить защиту непосредственно перед противниками. Вместо этого Павел вооружил людей, которым он служил, чтобы они могли умело защитить его принципиальную репутацию.

В конечном счете, это гораздо более разумный способ бороться за правду и репутацию с нашими врагами, нежели пытаться ответить на каждое обвинение лично. Из опыта Павла видно, что мы можем неоднократно обращаться к нашим оппонентам и представлять самую обоснованную и сбалансированную защиту истины и нашей репутации, но все, что они будут делать – это искажать то, что мы сказали, и использовать это для того, чтобы еще больше нас оклеветать.

Нам лучше дать возможность нашим друзьям быть нашими защитниками, потому что те, кто имеет что-то против нас, вряд ли будут так же относиться к нашим друзьям, как к нам. Коринфяне, несомненно, были хорошо знакомы с принципиальной жизнью Павла, поэтому у них не было причин не защищать его.

Павел обращался к братьям в коринфской церкви, потому что он был заинтересован в их единстве и росте. И наконец он оставляет последствия своих усилий Богу: «Хвалящийся хвались о Господе. Ибо не тот достоин, кто сам себя хвалит, но кого хвалит Господь» (2 Кор. 10:17-18).

Посвящение Павла истине

Несколько лет назад меня пригласили выступить на уроке философии в одном из государственных университетов, расположенном недалеко от моей церкви в Южной Калифорнии. Я начал свое выступление со слов: «Я здесь, чтобы рассказать вам об истине, которую вы искали всю свою жизнь. Это вся истина, которую вам нужно знать».

Студенты были ошеломлены моим подходом. Обычно на протяжении всего семестра они обсуждают различные взгляды на истину, но никогда не приходят к каким-либо выводам. Вполне вероятно, что они завершают курс, не ожидая когда-нибудь найти истину. Вот почему я пошел против общепринятой мудрости и разъяснил им истину Евангелия.

Когда вы говорите об истине с абсолютной уверенностью в вероучении, как я этим студентам, мир думает, что вы сошли с ума. Именно это о Павле говорили его противники в Коринфе. Его страстное рвение и преданность истине стали еще одной причиной для защиты его репутации: «Если мы выходим из себя, то для Бога; если же скромны, то для вас» (2 Кор. 5:13). Верующим в Коринфе не нужно было подвергать сомнению разум Павла — они пришли ко Христу благодаря его проповеди, росли в своем освящении при помощи его наставления и в результате полюбили Павла и научились доверять Богу. Его здравомыслие было очевидно для всех. Но лжеучители и их последователи, пытаясь дискредитировать библейское учение Павла своим лжеучением, обвиняли Павла в том, что он сошел с ума. Но апостол совершенно ясно дал понять, что он и его сотрудники были вне себя ради Бога. Фраза «вне себя» относится к его страсти и преданности Божьей истине. Этот термин определяет не человека с психическим заболеванием, но того, кто подобно Павлу, был предан истинному вероучению. А Павел понимал вероучение более нежели кто-то еще, потому что он напрямую получил откровение от Господа.

Тем не менее, враги Павла настойчиво называли его психически неуравновешенным богословским радикалом Вероучение всегда негативно воспринималось этим миром, и Павел не однажды с этим столкнулся. Заметьте, что произошло, когда Павел со всей серьезностью и прямотой изложил Евангелие перед римским наместником Фестом:

Но, получив помощь от Бога, я до сего дня стою, свидетельствуя малому и великому, ничего не говоря, кроме того, о чем пророки и Моисей говорили, что

это будет, то есть, что Христос имел постра-
дать и, восстав первый из мертвых, возвестить
свет народу [Иудейскому] и язычникам. Когда он так
защищался, Фест громким голосом сказал: безум-
ствуешь ты, Павел! большая ученость доводит те-
бя до сумасшествия (Деян. 26:22-24).

И вновь Павел показал воочию, что все его служение было пронизано принципиальностью. Он полностью вла-
дел собой и был в здравом рассудке. И в Кесарии перед
Фестом, и в церкви в Коринфе обращение Павла было
страстным и ревностным, потому что на карту поставле-
на истина Евангелия. Но он также знал, что значит быть
смиренным и благоразумным, чтобы люди принимали
и применяли истину. В конце концов, проблема была та
же: он защищал свою репутацию в отношении принципиальности, чтобы беспрепятственно провозглашать Божью истину.

Благодарность Павла за любовь Христа

Еще одной причиной, по которой Павел так заботился
о защите своей репутации, была благодарность за любовь
Спасителя к нему. Он сказал Коринфянам: «Ибо любовь
Христова объемлет нас, рассуждающих так: если один
умер за всех, то все умерли» (2 Кор. 5:14). Павел защищал
свое служение и преподносил его плоды Христу как
жертву благодарности.

Чтобы подчеркнуть силу этой мотивации, Павел
использовал греческое слово, переведенное в Синодальном как «объемлет». Самое простое и ясное значение
этого слова — «давление, которое вызывает действие»
(у Кассиана это слово переведено лучше, «понуждает» —

прим. ред.). Благодарность Павла за любовь Христа к нему оказала на него огромное воздействие, чтобы преподнести свою жизнь и служение Господу. И первостепенным фактором для Павла была заместительная смерть нашего Господа и значение этой смерти лично для него. Суть заместительной смерти Христа хорошо изложена в 5 главе Послания к римлянам: «Ибо Христос, когда еще мы были немощны, в определенное время умер за нечестивых. Ибо едва ли кто умрет за праведника; разве за благодетеля, может быть, кто и решится умереть. Но Бог Свою любовь к нам доказывает тем, что Христос умер за нас, когда мы были еще грешниками» (ст. 6-8)

Смерть Христа бессмысленна без понимания ее заместительного воздействия. Если бы Христос не умер за нас, нам пришлось бы умереть за наши грехи, и это привело бы к вечной погибели.

Это, безусловно, должно в достаточной мере побуждать всех нас стремиться к принципиальности в нашем служении и во всех аспектах нашей жизни. В конце концов, каждый, кто умер во Христе, навсегда получает спасительные плоды Его заместительной смерти (ср. Рим. 3:24-26; 6:8). К такому выводу Павел приходит во второй части Второго послания к коринфянам 5:14, когда говорит: «если один умер за всех, то все умерли». Истина о заместительной смерти нашего Господа – это утешение и ободрение для Павла и для нас: «я ни в чем посрамлен не буду, но при всяком дерзновении и ныне, как и всегда, возвеличится Христос в теле моем, жизнью ли то, или смертью. Ибо для меня жизнь – Христос, и смерть – приобретение» (Флп. 1:20-21).

Стремление Павла к праведности

Исаак Уоттс – автор множества прекрасных гимнов, живший в XVIII веке, написал следующие слова о стремлении к праведности и послушании Божьему Слову:

Блаженны незапятнанные сердцем,
Пути которых – правда, чистота,
Кто никогда не отступает от Закона,
Но убегает всякого греха.
Блаженны люди, соблюдающие Слово,
И практикующие заповедь Его,
От всего сердца они ищут Бога,
И трудятся руками для Него.
Велик их мир, что любят Твой закон,
Душою крепко держатся его!
И искушенье в стороне от них,
Их ноги убегают от него.
Тогда и я имею в сердце радость, мир,
Мое лицо свободно от стыда,
Когда послушен всем Твоим уставам,
И почитаю только лишь Тебя.

Под этими словами, основанными на Псалме 118:1, апостол Павел охотно подписался бы как под способом заявить о своем желании жить праведно. Его желание было логическим продолжением его огромной благодарности за любовь Христа и еще одной причиной, по которой он так страстно защищал свою репутацию перед коринфянами. Павел сказал им: «А Христос за всех умер, чтобы живущие уже не для себя жили, но для умершего за них и воскресшего» (2 Кор. 5:15).

Защищая свою репутацию, Павел хотел, чтобы коринфяне знали, что его старая эгоистичная жизнь закончена. Вопреки лживым обвинениям со стороны лжеучителей он стремился заверить братьев в том, что руководствовался в служении исключительно чистыми побуждениями. У Павла было полное право настаивать на этом, потому что, по милости Божией, он жил без саморекламы, самовосхваления, гордости или жадности, когда он трудился, чтобы насаждать и наставлять поместные церкви в древнем Средиземноморье.

У коринфян не было причин для сомнений в репутации Павла. Он уже наставлял их о духовном образе жизни, которого они должны держаться: «Итак, едите ли, пьете ли или иное что делаете, все делайте в славу Божию. Не подавайте соблазна ни Иудеям, ни Еллинам, ни церкви Божией, так, как и я угождаю всем во всем, ища не своей пользы, но пользы многих, чтобы они спаслись. Будьте подражателями мне, как я Христу» (1 Кор. 10:31-11:1).

Убеждения и мотивы Павла не изменились, в чем бы его ни обвиняли лицемерные противники. Он продолжал жить ради Христа и праведности, а не для себя. Любой другой стандарт был для него неприемлем.

Павел защищал свою репутацию, потому что он стремился жить для Господа и не хотел, чтобы кто-то заподозрил его в следовании низменным побуждениям. Пример Павла должен ободрить всех нас взращивать и защищать свою репутацию принципиального человека, потому что без этого мы не сможем эффективно служить Господу.

Беспокойство Павла о неспасенных

Павел был особенно ревностным во всем, что касалось проповеди заблудшим. Главной причиной для него продолжать свое служение было его желание видеть людей, обратившихся к вере посредством державной силы евангельской вести. Таким образом, долг Павла перед погибающими является последней из причин, по которым он защищает свою репутацию.

Деяния 17:16-17 показывают степень остроты этого вопроса для Павла: «В ожидании их в Афинах Павел возмутился духом при виде этого города, полного идолов. Итак, он рассуждал в синагоге с Иудеями и с чтущими Бога, и ежедневно на площади со встречающимися».

Павел пишет о своем горячем беспокойстве о неспасенных в Римлянам 1:13-16:

Не хочу, братия, оставить вас в неведении, что я многократно намеревался прийти к вам (но встречал препятствия даже доныне), чтобы иметь некий плод и у вас, как и у прочих народов. Я должен и Еллинам и варварам, мудрецам и невеждам. Итак, что до меня, я готов благовествовать и вам, находящимся в Риме. Ибо я не стыжусь благовествования Христова, потому что оно есть сила Божия ко спасению всякому верующему, во-первых, Иудею, потом и Еллину.

Позже, в Послании к римлянам Павел говорит об этом наиболее сильно:

Истину говорю во Христе, не лгу, свидетельствует мне совесть моя в Духе Святом, что великая для меня печаль и непрестанное мучение сердцу моему: я желал бы сам быть отлученным от Христа за братьев моих, родных мне по плоти… Братия! желание моего сердца и молитва к Богу об Израиле во спасение (Рим. 9:1-3; 10:1)

Продолжая защищать свою принципиальность перед коринфянами, Павел сказал: «Потому отныне мы не знаем никого по плоти» (2 Кор. 5:16). Это связано со стихом 15 и просто означает, что со времени своего обращения ко Христу Павел больше не оценивал людей по внешним, мирским стандартам. Для него новым приоритетом стало служение духовным нуждам народа Божьего.

До нашего возрождения мы оценивали других только по внешним критериям; нашими прежними мерками были внешняя красота, поведение, социально-экономический статус и личная симпатия. Но когда человек приходит к вере во Христа, он начинает оценивать людей по новым критериям. Теперь при встрече с кем-то нас в первую очередь интересует, каково их отношение к Богу; знают ли они Христа?

Возможно, у вас есть добрый и внимательный сосед, который часто выручает вас и всегда готов помочь вам, если вы заболели или попали в беду. Естественно, это располагает вас к теплым и дружеским отношениям с таким человеком. Но если быть честными, то эта дружба никогда не принесет вам удовлетворения, пока вы не будете уверены, что у него правильные взаимоотношения с Богом. Фактически по мере развития отношений с вашим соседом или кем-либо другим вы все больше и больше начинаете заботиться о их духовном благополучии.

Павел не оставляет верующим иного выбора, кроме как думать о неспасенном человеке и обо всем, что происходит в жизни, с точки зрения духовного возрождения: «Итак, кто во Христе, тот новая тварь; древнее прошло, теперь все новое» (2 Кор. 5:17). Павел, безусловно, пережил полное изменение своей жизни – от эгоистичного фарисея до преданного апостола Христа – и он знал, что такое преображение случится с каждым, кто станет христианином.

Стоит ли удивляться, что Павел так горячо защищал свою репутацию в отношении принципиальности? Если кто-то из его врагов смог бы уничтожить ее, он утратил бы доверие и влияние в проповеди Евангелия, а с ними и весь смысл жизни. Если бы только у каждого христианина были такое горячее рвение и целеустремленность, как у апостола Павла!

Павел раскрывает свое смирение

Вновь и вновь защищая свою репутацию принципиального служителя, Павел рисковал получить от коринфских лжеучителей клеймо гордеца. Однако не могло быть ничего в большей степени ложного и несправедливого, чем такое определение. Павел, по суверенному замыслу Божьему, уже проявил себя как самый благородный, самый влиятельный, самый эффективный земной слуга, которого церковь когда-либо видела, кроме Самого Господа Иисуса. Однако в основе всех сильных сторон его характера и всевозможных мотивов для защиты своей принципиальности лежало самое важное качество — смирение.

Писание показывает, что Павел знал о своих слабостях и недостатках. В Послании к римлянам 7:18 он говорит: «Ибо знаю, что не живет во мне, то есть в плоти моей, доброе; потому что желание добра есть во мне, но, чтобы сделать оное, того не нахожу». Во 2 Коринфянам 4:7 Павел описывает себя не в самых лестных словах: «Но сокровище сие [свет Евангелия] мы носим в глиняных сосудах [мусорных ведрах]». Наконец, скромная самооценка апостола очень отчетливо видна в том, что он написал Тимофею: «Верно и всякого принятия достойно слово, что Христос Иисус пришел в мир спасти грешников, из которых я первый» (1 Тим. 1:15).

Нет более прекрасной христианской добродетели, чем смирение. Михея 6:8 говорит: «О, человек! сказано тебе, что — добро и чего требует от тебя Господь: действовать справедливо, любить дела милосердия и смиренномудренно ходить пред Богом твоим». Лучшее определение смирения — это истинное и подлинное чувство убежденности в том, что человек абсолютно и целиком недостоин благости, милости и благодати Бога и не имеет в себе самом никакой ценности кроме той, которую ему даровал Бог.

Павел завершает защиту своей репутации перед Коринфянами подробным описанием признаков смирения (2 Кор. 10:12-18). В этом отрывке он продолжает противопоставлять свои чистые мотивы и праведные цели в служении нечистым мотивам и нечестивым замыслам лжеучителей. Павел был уверен, что его смирение станет убедительным доказательством его истинной принципиальности для коринфян.

Нежелание сравнивать себя с другими

Первым признаком смирения для благочестивого учителя и лидера является нежелание сравнивать себя с другими и претендовать на превосходство над ними. Лжеучители обычно возвышают себя. Но у Павла был другой подход. Он сказал коринфянам: «Ибо мы не смеем сопоставлять или сравнивать себя с теми, которые сами себя выставляют: они измеряют себя самими собою и сравнивают себя с собою неразумно» (2 Кор. 10:12).

Те, кто вторгся в коринфскую церковь, неся с собой заблуждения, были красноречивы, высокомерны, прикрывались лицемерием, чтобы казаться лучше прочих, особенно Павла. Но он отказался опускаться до их незрелых эгоистичных игр. В действительности он даже не рассматривал такой образ действий, говоря: «Для меня очень мало значит, как судите обо мне вы или как судят другие люди; я и сам не сужу о себе. Ибо хотя я ничего не знаю за собою, но тем не оправдываюсь; судия же мне – Господь» (1 Кор. 4:3-4).

Павел был заинтересован в сопоставлении своих полномочий только с Божьими стандартами. Он не использовал критерии, ориентированные на человека, чтобы похвалиться своими успехами. Вместо того он был более склонен хвалиться своими страданиями – скорбями, слезами, тюремным заточением, болью и гонениями, которые он претерпел из любви к Христу (ср. 2 Кор. 11:23-33).

Напротив, у гордых и нечестных людей иные критерии успеха: обаяние, лесть, авторитарное отношение, ораторские способности и мистический духовный опыт. Они сами устанавливают стандарты, измеряют себя ими и хвалят себя за «выдающиеся успехи».

Стандарты Павла были объективными и угодными Богу. Стандарты лжеучителей были субъективными и мирскими. Основываясь на этом простом сравнении, легко определить, по какому пути мы должны следовать, стремясь к подлинной принципиальности.

Желание служить в установленных рамках

Смиренный слуга Божий также будет готов служить в определенных пределах. Противники Павла в Коринфе относились к этому вопросу иначе. Они раздували и превозносили значимость своих дел, чтобы расширить свое влияние, поднять свой престиж и повысить свое благосостояние. Эти преувеличения позволяли им выглядеть лучше, чем на самом деле.

Мы не знаем точно, что лжеучителя рассказали коринфским верующим о своей борьбе с Павлом, но они, несомненно, представили себя более сильными, более умудренными, более красноречивыми и более успешными, чем он. Им приходилось лгать, чтобы доказать это.

Как Павел ответил на эти заявления? Он вновь отказался использовать нечестную тактику своих врагов, но просто сказал коринфянам: «А мы не без меры хвалиться будем, но по мере удела, какой назначил нам Бог в такую меру, чтобы достигнуть и до вас» (2 Кор. 10:13). Павла интересовало только одно: точно передать реальность своего служения.

Павел всегда понимал принцип служения в определенных пределах. Он упоминает об этом как в начале, так и в конце своего послания к Римлянам:

...через Которого мы получили благодать и апостольство, чтобы во имя Его покорять вере все народы... (1:5).

Итак, я могу похвалиться в Иисусе Христе в том, что относится к Богу, ибо не осмелюсь сказать что-нибудь такое, чего не совершил Христос через меня, в покорении язычников вере, словом и делом... Притом я старался благовествовать не там, где уже было известно имя Христово, дабы не созидать на чужом основании... (15:17-18, 20).

Павлу не были свойственны гордость и превозношение. Он говорил только о том, что Христос сделал через него, и подкреплял свои высказывания объективными, правдивыми доказательствами. Бог по Своей воле наделил Павла дарами и дал ему конкретное поручение. Его полностью удовлетворяла возможность проповедовать Евангелие в языческом мире, созидать церкви, наставлять лидеров в еще не освоенных регионах. Ему незачем было становиться более значимым, чем ему определил Бог. Он просто хотел быть верным Божьему замыслу и исполнять его с глубиной совершенства, угодной Господу.

В примере служения Павла примечательно именно то, что он просто следовал примеру Иисуса. Мы часто забываем, что Христос добровольно ограничил Себя пределами, установленными Его Отцом.

Во-первых, служение Иисуса было ограничено волей Бога. В Евангелии от Иоанна 5:30 Иисус сказал вождям израильского народа: «Я ничего не могу творить Сам от Себя. Как слышу, так и сужу, и суд Мой праведен; ибо не ищу Моей воли, но воли пославшего Меня Отца». Во-вторых, Иисус повиновался воле Отца в отношении времени и сроков (Мф. 26:45; Лк. 22:14; Ин. 2:4; 4:23; 5:25; 7:30; 17:1). В-третьих, Иисус ограничил Свое служение народом Божьим и теми, кто осознавал свою потребность в спасении (Мф. 15:24; Лк. 5:31-32). В-четвертых, служение Иисуса было ограничено Божьим планом. Сначала он проповедовал Евангелие небольшой группе людей (включая учеников), а затем распространил его за пределы Иудеи. Христос никогда не позволял Себе отвлекаться на другие вопросы. Так же поступал и Павел.

Нежелание пользоваться результатами труда других

Присвоение себе результатов работы других, иначе говоря, плагиат – это проблема не только нашего времени.

Под плагиатом я имею в виду попытки «воровать и выдавать идеи или слова других за свои». По-настоящему скромный и принципиальный человек будет избегать плагиата. Павел поступал именно так. Он никогда не стремился приписывать себе чужие заслуги.

Его почтительное отношение к другим разительно отличалось от стремления лжеучителей приписать себе то, над чем они не трудились, как, например, вклад в духовное развитие коринфской церкви. Но Павел мог уверенно и точно рассказать коринфянам, как Бог использовал его в их жизни:

> *Ибо мы не напрягаем себя, как не достигшие до вас, потому что достигли и до вас благовествованием Христовым. Мы не без меры хвалимся, не чужими трудами, но надеемся, с возрастанием веры вашей, с избытком увеличить в вас удел наш…» (2 Кор. 10:14-15).*

Павел не превозносился и не хвалился заслугами, к которым не имел отношения. Он также не выставлял напоказ власть, которой на самом деле не имел. Он обратил внимание читателей на то же, о чем говорил раньше: «Я насадил, Аполлос поливал, но возрастил Бог… Я, по данной мне от Бога благодати, как мудрый строитель, положил основание, а другой строит на нем; но каждый смотри, как строит» (1 Кор. 3:6, 10).

Павел был полон решимости избегать гордости и нечестности тех, кто «служил» на мирской лад. Он не отправился бы куда-то с выдуманными рассказами о своих мнимых достижениях. Он не явился бы в город, чтобы там приписать себе результаты служения других людей. Напротив, Павел знал, что те, кто искренне желает распространять Божье Царство, будут делать это посредством своей благочестивой жизни.

В Послании к Римлянам 15:17-18 хорошо выражено отношение Павла к этому аспекту смирения: «Итак, я могу похвалиться в Иисусе Христе в том, что относится к Богу, ибо не осмелюсь сказать что-нибудь такое, чего не совершил Христос через меня, в покорении язычников вере, словом и делом…».

Желание искать во всем только Божью славу

Четвертым способом, которым Павел проявил истинное смирение и библейскую принципиальность, была готовность искать только славы Господа. Сама мысль о прославлении самого себя была совершенно отвратительной для Павла, тогда как лжеучители были готовы ради своей славы и превосходства разрушить церковь и запятнать славу Христа.

Павел уже ясно изложил в 1 Коринфянам свою позицию относительно того, почему христиане должны искать только славы Божьей:

> *Посмотрите, братия, кто вы, призванные: не много из вас мудрых по плоти, не много сильных, не много благородных; но Бог избрал немудрое мира, чтобы посрамить мудрых, и немощное мира избрал Бог, чтобы посрамить сильное; и незнатное мира и уничиженное и ничего не значащее избрал Бог, чтобы упразднить значащее, – для того, чтобы никакая плоть не хвалилась пред Богом… чтобы было как написано: «хвалящийся хвались Господом (1 Кор. 1:26-29, 31).*

Павел здесь напоминает всем нам, что, если хвалиться, то только Господом, и если искать славы, то только Его славы (ср. Пс. 113:9). В этом суть смирения – признание себя абсолютно недостойными, а Бога – единственно достойным.

Нежелание стремиться к чему-либо, кроме вечной похвалы

Подлинное библейское смирение также проявляется в нежелании Павла искать чего-либо, кроме вечной похвалы. Во 2 Коринфянам 10:18 он говорит: «Ибо не тот достоин, кто сам себя хвалит, но кого хвалит Господь».

Лжеучителя хвалили себя. Но Павел желал Божьего ободрения и доказал, что не создал для себя похвалу искусственно. Греческий глагол, который он использовал для слова «хвалит» в 18-м стихе, буквально означает «быть проверенным» или «быть одобренным». Вот что имел в виду Павел, когда сказал: «Для меня очень мало значит, как судите обо мне вы или как судят другие люди; я и сам не сужу о себе» (1 Кор. 4:3).

Павла не беспокоило, что о нем думают другие; он желал похвалы и одобрения только от Господа. Это важное напоминание для всех нас, если мы стремимся к принципиальности: мы получим одобрение от Бога не как результат наших даров, навыков, нашей личности или нашей популярности, но благодаря нашему смирению.

Таким образом, Павел обладал силой принципиальности. Его мотивы были чистыми (1 Кор. 4:5), и он защищал их по верным причинам – чтобы прославлять Бога и провозглашать истину Евангелия и церкви Христа. Смиренная защита Павлом его репутации является самым ярким и подробным примером христианской принципиальности, о о котором говорит Писание, за исключением, конечно примера Самого Господа Иисуса.

Цель оставшейся части этой книги – рассмотреть, как на практике можно воплотить в жизнь пример принципиальности апостола Павла.

Итог главы

Павел был образцом для подражания, достойным доверия, и человеком неизменной принципиальности. Когда ему приходилось защищать принципиальность от лживых нападок, он делал это с чистотой, серьезностью и смирением.

Начало (выберите что-то одно)

• Как указано в этой главе, наша вера – это самое ценное, что нужно защищать в нашей жизни. Назовите несколько других аспектов, которые ценит мир. По вашему опыту, что является наиболее важным и ценным для людей? Почему?

• Ставите ли вы постоянно перед собой цели для самосовершенствования или для достижения? Почему да или нет? Что в наибольшей мере мотивирует вас к достижению этих целей?

Ответьте на вопросы

• Какие основные проблемы затронул Спор о либерализме, который произошел в годы жизни Чарльза Сперджена?

• В чем главным образом обвиняли Павла его противники? Что побуждало их к этому?

• У Павла было много причин защищать свою принципиальность, но какова главная из них? (см. 2 Кор. 4:7)?

• Какой синоним к слову «страх» характеризует страх Господень? Приведите цитаты Писания для иллюстрации.

- Какой мудрый подход использовал Павел для того, чтобы справиться с различной критикой, направленной против него со стороны его врагов?

- Что означает фраза «выходим из себя» в 2 Коринфянам 5:13? Почему необходимо точное истолкование?

- В чем заключалась самая главная причина, по которой Павел ощущал такую благодарность за любовь Христа? Как эта причина должна влиять на всех верующих? Объясните.

- Какой отрывок более всего показывает, насколько сильно Павел беспокоился о неспасенных?

- Как можно одним предложением дать определение смирению?

- Почему Павел мог довольствоваться служением в определенных границах? Назовите несколько причин.

- Что хотели присвоить себе лжеучители в Коринфской церкви?

- Каковы два самых распространённых человеческих стандарта, которыми люди пытаются измерить Божьи благословения своего служения?

Концентрируясь на молитве

- Молитесь, чтобы Господь дал вам ежедневно алкать его истины и праведности.

- Проверьте те области вашей жизни, где вы могли бы проявлять гордость. Молитесь, чтобы Бог и Его Слово показали вам пути к смирению.

Применяя истину

Запишите 2 Коринфянам 4:7 или Михея 6:8 и держите на видном месте на протяжении недели. Пускай эти стихи будут напоминанием для вас в те моменты, когда гордость проникает в ваши слова, действия и отношение. Делайте это до тех пор, пока вы не увидите свой рост в смирении, также подмечайте те моменты, когда вы вспоминали или не вспоминали об этих стихах во время испытаний гордостью. Оцените ваш прогресс после нескольких месяцев.

ЭТИКА ПРИНЦИПИАЛЬНОСТИ

7

СО СТРАХОМ И ТРЕПЕТОМ: ПРОТИВОЯДИЕ ОТ ЛИЦЕМЕРИЯ

Рассказывают историю об одном восточном монахе, который сидел на углу улиц в людном месте и посыпал себя пеплом в знак смирения. Когда туристы хотели сфотографировать его, этот человек неизменно просил их подождать несколько минут, пока он заново не посыплет себя пеплом для того, чтобы продемонстрировать более убедительный образ смирения и нищеты.

Проблема таких поступков в том, что они являют собой самую суть неискренности и лицемерия. Кроме того, эта история показывает, что не так с современными представлениями о религии и морали. Смирение аскета было обманом. Он был посвящен только самому себе, а не каким-то наивысшим идеалам или высокому стандарту принципиальности.

Проблема лицемерия

Для того чтобы быть принципиальными мужчинами и женщинами вам важно осознавать опасность лицемерия.

Вы должны знать, насколько оно ненавистно Богу, и стремиться вместо того жить подлинно благочестивой жизнью. Нравственный кодекс или этическая система, руководствующаяся лицемерием – это не что иное, как фарс или притворство, игра, которой многие люди овладели в своих деловых и социальных отношениях. К сожалению, многие из тех, кто исповедует веру во Христа, являются опытными лицемерами, когда дело доходит до поведения в церкви.

Слово «лицемер» (греч. *hupokrites*) первоначально обозначало актера в древнегреческом театре, носившего маску, которая подчеркивала особенности его роли. Слово совершенно естественно стало распространяться на всех, кто притворялся тем, кем он не был. Книжники и фарисеи времен Иисуса были отъявленными лицемерами, и поругание и извращение ими Божьей истины вызвали самое резкое порицание со стороны нашего Господа (см. Лк. 11: 37-52).

Религиозные руководители Израильского народа, конечно же, были не первыми и не последними лицемерами. От начала и до конца Библия осуждает практику лицемерия. Каин был лицемером, когда притворялся, что поклоняется Богу, хотя на самом деле просто хотел продемонстрировать свои успехи в земледелии (Быт. 4:3-16). Когда его лицемерие стало очевидным на фоне верности его брата Авеля, Каин горько обиделся, ожесточился и убил Авеля (ст. 5-8).

Апостол Павел предупреждает нас, что лицемерие будет особенно распространено в последнее время: «Дух же ясно говорит, что в последние времена отступят некоторые от веры, внимая духам обольстителям и учениям бесовским, через лицемерие лжесловесников, сожженных в совести своей...» (1 Тим. 4:1-2).

Писание всегда осуждает лицемерие. Пророк Амос говорил от имени Бога, когда писал:

Ненавижу, отвергаю праздники ваши и не обоняю жертв во время торжественных собраний ваших. Если вознесете Мне всесожжение и хлебное приношение, Я не приму их и не призрю на благодарственную жертву из тучных тельцов ваших. Удали от Меня шум песней твоих, ибо звуков гуслей твоих Я не буду слушать. Пусть, как вода, течет суд, и правда – как сильный поток! (Ам. 5:21-24).

Господь отверг такое поклонение, потому что оно было неискренним и лишенным праведности. Люди больше заботились о своей славе и об угождении самим себе, а не Богу. Многие другие тексты из Ветхого Завета созвучны с опасениями Амоса по поводу лицемерия (ср. Ис. 1:11, 13-15, 16-18; Иер. 11:19-20; Мих. 6:6-8).

Однажды в упрек книжникам и фарисеям Иисус процитировал слова пророков: «... люди сии чтут Меня устами, сердце же их далеко отстоит от Меня, но тщетно чтут Меня, уча учениям, заповедям человеческим» (Мк. 7:6-7).

В Нагорной проповеди наш Господь имел в виду иудейских религиозных вождей, когда предупреждал народ: «Смотрите, не творите милостыни вашей пред людьми с тем, чтобы они видели вас: иначе не будет вам награды от Отца вашего Небесного» (Мф. 6:1). Иисус предостерегал Своих слушателей от такой праведности, которая предназначена лишь для того, чтобы обмануть окружающих или произвести на них впечатление. Такой образ жизни не раскрывает того, что на самом деле находится в сердцах и умах тех, кто его ведет, и, безусловно, не отражает той принципиальности, которую хочет видеть Бог. Ранее в этой проповеди Христос уже утверждал, что эта ложная праведность никогда не сделает человека пригодным для Царствия Божия (Мф. 5:20), и здесь Он совершенно ясно повторяет это предупреждение.

Августин, отец церкви, сказал: «Тщеславие – смертельный яд для истинного благочестия. Другие пороки порождают злые дела, но этот порождает добрые дела, которые совершаются во зло». Лицемерие опасно, потому что оно очень обманчиво. Оно часто использует добрые дела в злых целях и, таким образом, становится одним из самых распространенных, но при этом коварных и эффективных инструментов для разрушения церкви и подрыва репутации христиан. Таким образом, угроза лицемерия должна побудить нас к еще большей решимости быть принципиальными в нашей жизни, чтобы почитать и прославлять Бога.

Освящение: активное или пассивное?

Вопрос в том, как мы можем избежать опасностей лицемерия и жить благочестивой жизнью с библейской принципиальностью? Оставил ли Бог для нас какое-то указание о том, как защититься от этого? Да, именно так. Всего два коротких стиха в Филиппийцам 2:12-13 удерживают нас в равновесии, необходимом чтобы избежать лицемерия и вести принципиальную жизнь: «Итак, возлюбленные мои, как вы всегда были послушны, не только в присутствии моем, но гораздо более ныне во время отсутствия моего, со страхом и трепетом совершайте свое спасение, потому что Бог производит в вас и хотение и действие по Своему благоволению».

Апостол Павел, вдохновленный Святым Духом, дает нам совершенную основу для праведной жизни, свободной от лицемерия и характеризуемой принципиальностью и смиренным служением. Его наставление к филиппийцам предлагает идеальный баланс между двумя взглядами на освящение. По мнению некоторых, наше освящение зависит только от Бога. Другие говорят, что наш рост в святости является результатом исключительно наших собственных усилий. Эти два взгляда известны как квиетизм и пиетизм.

Квиетизм

Название «квиетизм» происходит от английского *quiet* («тихий»). Основная идея этого учения в том, что верующий остается «спокойным» или духовно пассивным в своем освящении. Возможно, самая известная ключевая фраза квиетизма: *let go and let God* (смысл в том, что мы не должны излишне волноваться о том, что происходит в нашей жизни, ведь Бог обо всем позаботится – *прим. ред.*). Этот девиз – популярный способ сказать, что любое усилие с нашей стороны мешает процессу освящения. Мы должны устранить себя с пути и позволить Богу послать в нашу жизнь победу над грехом.

Защитники квиетизма часто обращаются к Галатам 2:20, вырывая из контекста одну фразу, «и уже не я живу, но живет во мне Христос». При этом они ясно подразумевают, что христианская жизнь – это только пассивная вера и доверие, и в ней нет места усердию и усилиям верующего. Тем не менее, в Послании к Галатам 2:20, если взять весь стих целиком, сохраняется баланс между нашей ролью и ролью Бога в освящении: «Я сораспялся Христу, и уже не я живу, но живет во мне Христос. А что ныне живу во плоти, то живу верою в Сына Божия, возлюбившего меня и предавшего Себя за меня». Мы живем во плоти, в то время как Христос живет в нас верой.

Пиетизм

Противоположный взгляд на освящение утверждает, что наше духовное состояние полностью зависит от нас. Эта позиция традиционно называлась пиетизмом, ее источником стало немецкое евангельское движение восемнадцатого века, которое появилось в ответ на мертвую ортодоксальность государственной лютеранской церкви. О пиетизме можно сказать много похвального. Он делал акцент на важности молитвы, изучения Библии, практических добрых дел и самодисциплины, но, как правило, нарушал библейское равновесие, переоценивая усилия человека.

Люди, придерживающиеся пиетизма, считают, что христианин должен постоянно вкладывать всю свою энергию в стремление к благочестию. Сторонники пиетизма акцентируют внимание на таких стихах как 2 Коринфянам 7:1 «Итак, возлюбленные, имея такие обетования, очистим себя от всякой скверны плоти и духа, совершая святыню в страхе Божием» и утверждают, что такое очищение – целиком и полностью наш долг. Такой сильный акцент на духовных усилиях, сопровождаемый постоянными напоминаниями о том, что спасение по вере должно вести к делам, приводит к одному из двух греховных результатов. С одной стороны, если наши усилия увенчаются успехом, мы будем испытывать плотскую гордость за свои достижения. С другой стороны, потерпев неудачу, мы впадем в отчаяние, потому что теперь не к кому обратиться за помощью, поскольку Бог исключен из процесса.

Слово Божье не поддерживает ни одного из этих двух взглядов. Вместо этого оно уравновешивает крайности квиетизма и пиетизма.

«Со страхом и трепетом»

В Филиппийцам 2:12-13 Павел не предлагал какой-то новый принцип. Столетиями ранее благословение царя Соломона при освящении храма показало его признание роли Бога и нашей роли в процессе освящения:

Благословен Господь, Который дал покой народу Своему, Израилю, как говорил! не осталось неисполненным ни одного слова из всех благих слов Его, которые Он изрек чрез раба Своего Моисея; да будет с нами Господь, Бог наш, как был Он с отцами нашими, да не оставит нас, да не покинет нас, наклоняя к Себе сердце наше, чтобы мы ходили по всем путям Его и соблюдали заповеди Его и уставы Его и законы Его, которые Он заповедал отцам нашим; и да будут слова сии, которыми я молился пред Господом, близки к Господу, Богу нашему, день и ночь, дабы Он делал, что потребно для раба Своего, и что потребно для народа Своего, Израиля, изо дня в день, чтобы все народы познали, что Господь есть Бог и нет кроме Его; да будет сердце ваше вполне предано Господу, Богу нашему, чтобы ходить по уставам Его и соблюдать заповеди Его, как ныне» (3 Цар. 8:56-61).

Обратите внимание, как Соломон выражает баланс между ответственностью Бога и нашей ответственностью. Сначала он молится, чтобы Бог «склонил наши сердца к Себе» (ст. 58). Затем он призывает людей: «Итак, пусть ваше сердце будет полностью предано Господу нашему Богу» (ст. 61). Если мы собираемся быть послушными Господу в освящении, Он должен будет направить нас в этом стремлении. Но в то же время мы должны устремить наши сердца и волю к исполнению Его воли.

Постоянство в усилиях

На протяжении многих лет христиан часто тревожила заключительная фраза в Филиппийцам 2:12: «со страхом и трепетом совершайте свое спасение». Говорит ли апостол о спасении по делам? Нет, потому что в послании к Римлянам 3:20-24 и Ефесянам 2:8-9 он учит, что мы спасены не по делам. Так в чем же смысл повеления Павла в 12-м стихе?

На греческом языке глагол, переведенный как «совершайте», означает «постоянно трудиться, чтобы довести что-то до завершения». Римский ученый Страбон (который писал по-гречески и жил за шестьдесят лет до Р.Х.) дает нам понимание значения этого слова. Страбон использует тот же глагол, когда ссылается на римлян, добывающих серебро из шахт. По аналогии, верующие должны извлечь из своей жизни все богатство спасения, которое Бог по благодати поместил в нее. Благодаря постоянным усилиям и усердию мы должны ежедневно совершенствовать те добродетели, которые Бог заложил в нас.

Такое повеление Павла оставляет места для пассивной позиции, но явно предполагает уровень посвященности и постоянных усилий христиан. Новый Завет изобилует аналогичными предписаниями, в каждом из которых заключено указание на ответственность верующего. Посмотрим только на один ключевой стих в Римлянам 6:19 «говорю по рассуждению человеческому, ради немощи плоти вашей. Как предавали вы члены ваши в рабы нечистоте и беззаконию на дела беззаконные, так ныне представьте члены ваши в рабы праведности на дела святые». Здесь Павел говорит, что процесс освящения подразумевает наше активное стремление к послушанию с использованием всех наших способностей вплоть до полного подчинения воле Бога (ср. 1 Кор. 9:24-27; 2 Кор. 7:1; Еф. 4:1; Кол. 3:1-17). Если мы изо дня в день подобно рабам, полностью покорны воле Бога, мы не сможем жить никак иначе, нежели с принципиальностью претворять в жизнь спасение, дарованное нам.

Далее Павел описывает отношение, с которым мы должны каждый день стремиться к благочестию: «со страхом и трепетом» (Флп. 2:12). Поскольку мы живем для Бога, у нас должен быть здоровый страх огорчить Его или согрешить против Него. Это должно приводить нас в трепет всякий раз, когда мы осознаем последствия греха. Такой страх является правильной реакцией на наши слабости и недостатки и дает нам здоровую озабоченность тем, чтобы поступать правильно.

Господь хочет, чтобы Его люди имели праведный благоговейный страх перед Ним. Пророк Исаия писал: «Так говорит Господь: небо – престол Мой, а земля – подножие ног Моих; где же построите вы дом для Меня, и где место покоя Моего? Ибо все это соделала рука Моя, и все сие было, говорит Господь. А вот на кого Я призрю: на смиренного и сокрушенного духом и на трепещущего пред словом Моим» (Ис. 66:1-2; ср. Прит. 1:7). Бог ищет тех, кто сокрушен и трепещет пред Его Словом, и показывает им Свое одобрение.

Последовательно и с принципиальностью день за днем совершать наше спасение – нелегкое дело. Мы постоянно встречаемся лицом к лицу с возможностью неудачи. Один из способов защиты от неудачи – тот здравый трепет, благоговение и почтение к Богу, которые сокрыты в Филиппийцам 2:12. Это не страх вечных мучений, не отчаяние из-за наших обстоятельств либо нервное расстройство, которое парализует нас и вынуждает бездействовать. Напротив, это благоговение, которое ободряет нас и побуждает бодрствовать, чтобы в следовании за Христом мы не оступились и не лишились радости. Оно направляет нас, чтобы не огорчать Господа, не ставить под угрозу непорочность нашего свидетельства перед неверующими и не сводить на нет нашу пользу и служение другим верующим в теле Христовом.

Полная зависимость

Трудиться над совершением нашего спасения было бы бесполезно и на самом деле невозможно, если бы это не уравновешивалось истиной из Филиппийцам 2:13 «потому что Бог производит в вас и хотение и действие по Своему благоволению». Величие христианской жизни заключается в том, что Бог призывает нас подчиняться, а затем производит в нас это послушание. Наш рост в освящении требует от нас полной отдачи, но в то же время требует и всего, что Бог совершает в нас. В Евангелии от Иоанна 15:5 Иисус говорит: «Я есмь лоза, а вы – ветви; кто пребывает во Мне, и Я в нем, тот приносит много плода; ибо без Меня не можете делать ничего». Когда вы видите в своей жизни духовный плод, осознавайте, что его произвел Бог: «и действия различны, а Бог один и тот же, производящий всё во всех» (1 Кор. 12:6).

Интересно, сколько христиан принимают как должное удивительную реальность того, что Бог на самом деле в нас. Он не просто работает над нами или для нас, но реально пребывает во всех истинно верующих. В Деяниях 1:8 Иисус сказал апостолам: «но вы примете силу, когда сойдет на вас Дух Святой; и будете Мне свидетелями в Иерусалиме и во всей Иудее и Самарии и даже до края земли». Бог живет в нас Своим Святым Духом (1 Кор. 3:16-17; 6:19). Мы можем быть в этом уверены, ведь Он не искупил бы нас такой дорогой ценой, чтобы затем оставить нас один на один с попытками собственными силами совершить свое освящение. Галатам 3:3 говорит: «Так ли вы несмысленны, что, начав духом, теперь оканчиваете плотью»? Очевидно, что Павел в ответ на этот вопрос ожидает решительное «нет»!

Согласно Филиппийцам 2:13, двойная цель Божьего действия в нас состоит в том, чтобы произвести в нас «желание и действие». Это означает, что Господь хочет придать силы нашим желаниям и нашим действиям.

ПРАВИЛЬНЫЕ ЖЕЛАНИЯ. Прежде всего, Бог хочет, чтобы мы желали того, что правильно. Поведение человека полностью определяется его волей — желаниями, склонностями и намерениями. Греческий глагол, соответствующий слову «хотение» в стихе 13, не имеет отношения к страсти, похоти или прихотям. Скорее, он фокусирует внимание на намерениях или склонностях — беспристрастной и целеустремленной воле. Как сказано в Псалме 109:3: «В день силы Твоей народ Твой готов во благолепии святыни». Сила Божья движет нами изнутри, чтобы мы желали жить праведной жизнью, делать и говорить то, что правильно и справедливо, другими словами, были принципиальными.

Как правило, Бог производит в нас два устремления, чтобы направить нашу волю к освящению. Одно из них – праведное недовольство нашим нынешним духовным состоянием. Это означает, что Бог учит нас не любить всевозможные грехи, которые нас осаждают. Апостол Павел выразил свое недовольство таким образом: «Бедный я человек! кто избавит меня от сего тела смерти?» (Рим. 7:24). Если Дух Божий производит в нас такое недовольство, мы знаем, что оно имеет право на существование, в отличие от греховного недовольства, вызванного нашими жизненными обстоятельствами.

Во-вторых, Бог направляет нашу волю к освящению, давая нам святое устремление. Мы жаждем быть более чистыми, святыми, более праведными и более искренними в нашем хождении со Христом, чем раньше, и это, в конечном итоге, стремление к добродетельному образу жизни и победе над грехом. Такое желание может возникать, например, когда мы читаем либо из Писания о каком-то герое Библии, либо биографию выдающегося христианина. Под влиянием прочитанного наше сердце указывает, насколько низким является наш уровень самоотдачи в сравнении с той исторической личностью, кого Бог использовал так эффективно. И тогда в нас разгорается сильное желание к лучшим свершениям, к жизни подражания Христу.

ПРАВИЛЬНЫЕ ДЕЙСТВИЯ. Вторая цель Божьей работы в нас состоит в том, чтобы мы могли действовать. Бог трудится в нас, чтобы мы могли совершать дела праведности. Павел дает нам представление о масштабах этого процесса, когда он молится: «а Тому, Кто действующею в нас силою может сделать, несравненно больше всего, чего мы просим, или о чем помышляем…» (Еф. 3:20). Наш всемогущий Бог может и действительно совершает через нас несравненно больше всего, чего мы просим, или, о чем помышляем.

Филиппийцам 2:13 добавляет, что, когда мы хотим служить Богу Его силой, мы совершаем дела «по Его благоволению». Слово, переведенное как «благоволение», означает «удовлетворение». Бог хочет, чтобы мы делали то, что Его удовлетворяет. Благодаря нашим особым отношениям с Богом, Он весьма удовлетворен нашими желаниями и действиями ради Его имени.

Непостижимая истина 13 стиха заключается в том, что Бог дает нам возможность жить для Него, и это приносит Ему удовольствие, и потому все трудности и усилия в совершении нашего спасения со страхом и трепетом того стоят. Эта истина должна ободрить нас и побудить жить принципиально и без лицемерия перед миром (ср. 1 Кор. 15:58).

Потребность в дисциплине

Однако ничто из того, о чем мы только что говорили, не будет полностью реализовано в нашей жизни, если мы не будем проявлять самодисциплину. Не по-библейски и просто неправильно думать, что мы можем расти в благочестии просто благодаря добрым намерениям и теплым чувствам. Господь может эффективно работать только через жизнь, в которой есть дисциплина и подчинение Ему. Апостол Павел напоминает нам о том, насколько важна личная дисциплина:

Каждый участник при подготовке к состязаниям отказывается от всего и делает это ради получения тленного венка. Мы же стремимся к венку нетленному. Поэтому я не бегу бесцельно и не бью кулаками по воздуху. Нет, я тренирую свое тело,

подчиняю его себе, чтобы, возвещая Радостную
Весть другим, самому не оказаться недостойным
награды (1 Кор. 9:25-27, перевод МБО).

Только дисциплинированный христианин будет последовательно читать и изучать Слово Божье, а затем усердно применять его, так как он позволяет Божьей силе все
больше и больше преображать его в образ Христа. Никто,
кроме дисциплинированного христианина, не может по-
настоящему оценить в свете Писания мирскую культуру
и бросить вызов ее ценностям. Проще говоря, самодис-
циплина – это готовность подчинить личные интересы
вечным интересам Бога.

О популярном английском писателе XIX века Уи-
льяме Арноте было сказано: «Его проповеди хороши. Его
книги лучше. Его жизнь лучше всего». Все мы должны желать, чтобы люди считали нашу жизнь такой же «наилуч-
шей». Дело не в том, что наша жизнь станет совершенной,
не в том, что мы никогда не поколеблемся в нашей преданности и послушании Богу, но общее направление нашей повседневной жизни будет все больше и больше
приближаться к высшему стандарту Иисуса Христа.

Наша жизнь не будет двигаться в этом направлении, пока мы не поставим Бога на первое место в нашей
жизни и не начнем подчиняться Его приоритетам. Об этом
мы поговорим в следующей главе.

Итог главы

Идеальное библейское лекарство от лицемерия заключается в том, чтобы усердно стремиться к освящению понимая
в то же время, что результаты полностью зависят от Бога.

Начало (выберите что-то одно)

• Как, на ваш взгляд, люди чаще всего проявляют лицемерие в повседневной жизни? Что кажется вам наилучшим способом справиться с таким поведением?

• По опыту вашей христианской жизни, какому подходу к личному освящению в основном учили вас до сих пор? Пробовали ли вы применять на практике это учение? Как это работало?

Ответьте на вопросы

• Каково изначальное определение лицемерия?

• Бывало ли, что лицемерие особенно распространялось в определенный период библейской или церковной истории?

• Назовите хотя бы три библейских стиха, в которых говорится о лицемерии.

• На чем ставится основной акцент квиетизма? Какой стих наиболее часто используется для того, чтобы поддержать такой взгляд?

• Что защищает пиетизм? Каким образом этот взгляд может повредить нашему хождению со Христом?

• Какое истолкование выражения «совершайте свое спа-сение» в Филиппийцам 2:12 дает древний писатель Страбон?

• Кратко объясните правильное понимание фразы «со страхом и трепетом».

• Какие два устремления, созидаемые в нас Богом, могут направить нашу волю к освящению?

• Согласно Филиппийцам 2:13, что должно побуждать нас как христиан совершать добрые дела? Какое другое значение слова «благоволение» в этом стихе?

• Какая еще составляющая необходима для успешного процесса нашего освящения (1 Кор. 9:25-27)?

Фокусируясь на молитве

• Молитвенно исследуйте ваше сердце в последующие дни и просите Господа указать вам те области вашей жизни, в которых вы постоянно лицемерите. Покайтесь в таких поступках и просите Бога помочь вам быть верным. Если никаких проблем вам не вспомнилось, то благодарите Бога за Его милость, проявленную к вам.

• Просите Бога, чтобы в вашей христианской жизни сохранялось равновесие в соответствии с Филиппийцам 2:12-13.

Применяя истину

Найдите время, чтобы без спешки молитвенно поразмышлять над 3 Царств 8:56-61. Выделите достаточно времени, чтобы помолиться над каждым стихом и каждой важной мыслью, которую он несетЗапишите то, что Господь запечатлел в вашем сердце, какие желания Соломона вы хотели бы сделать своими (например, от какой дурной привычки надо отказаться, как стать более усердным в изучении Библии).

8

ОТДАВАЯ ДОЛЖНОЕ БОГУ

Выражение «постоянны лишь постоянные перемены» с каждым годом все больше соответствует истине. В современной культуре высоких технологий эту крылатую фразу можно продолжить: «... и постоянная занятость». Трудно найти кого-то в мире бизнеса, кто не зависел бы от ежедневных расписаний и планов, пытаясь контролировать и опережать быстрый темп жизни. Похоже, что каждый день приносит новые стрессовые ситуации и проблемы дома и на работе. В таких условиях люди постоянно ищут возможности держать равновесие между своими приоритетами, делать, что должны, и искать новые пути к успеху.

Это касается и многих христиан. Тысячи людей постоянно ищут новые ключи к эффективной жизни, как временной, так и вечной. Христиане бегают за новыми книгами, аудио и видеоматериалами, семинарами и программами в поисках практического, эмоционального и духовного совершенствования. Кажется, они забыли, что секрет хорошо сбалансированной жизни заключается не в программах, мероприятиях или беспорядочных усилиях помочь самому себе, а в правильных, основополагающих отношениях с Господом. Иисус учил этому принципу на фоне бурной деятельности, когда однажды посетил дом сестёр Марии и Марфы. Эта история хорошо нам известна:

> *В продолжение пути их пришел Он в одно селение; здесь женщина, именем Марфа, приняла Его в дом свой; у неё была сестра, именем Мария, которая села у ног Иисуса и слушала слово Его. Марфа же заботилась о большом угощении и, подойдя, сказала: Господи! или Тебе нужды нет, что сестра моя одну меня оставила служить? скажи ей, чтобы помогла мне. Иисус же сказал ей в ответ: Марфа! Марфа! ты заботишься и суетишься о многом, а одно только нужно; Мария же избрала благую часть, которая не отнимется у неё (Лк. 10:38-42).*

Суть в том, что, если мы хотим быть людьми, которые живут полезной и полноценной христианской жизнью, мы должны ставить Бога на первое место. Именно это мы обсуждали в первой главе. Наши отношения с Иисусом Христом являются ключом к созиданию принципиальной жизни. Я напоминаю вам об этом в данной главе, потому что нам нужно понять то, чего хочет от нас наш Бог, чтобы жить жизнью, которая прославляет Его. Несколько практических шагов, которые могут помочь нам в этом, мы найдём в послании к Евреям 13:10-21. Есть четыре области христианского поведения, проявлением послушания в которых мы показываем, что имеем право сказать, что любим Бога превыше всего.

Глава 8. Отдавая должное Богу

Отделение от мира

Первое повеление заключается в том, что мы должны отделить себя от мира. Автор послания к Евреям говорит: «…то и Иисус, дабы освятить людей кровью Своею, пострадал вне врат. Итак, выйдем к Нему за стан, нося Его поругание…» (Евр. 13:12-13).

Эти стихи проводят аналогию с христианской жизнью. Верующие следуют примеру Христа и отделяют себя от грешного мира. Поскольку Иисус умер за пределами Иерусалима и старой системы иудаизма, вдалеке от грехов людей, мы также должны жить за пределами мира, уже не являясь частью его греховных стандартов и обычаев. Мы должны быть готовы жить отдельно от системы этого мира и время от времени подвергаться преследованиям или насмешкам из-за нашей верности Христу.

Апостол Павел напоминает нам, что мы не имеем ничего общего с миром: «Не преклоняйтесь под чужое ярмо с неверными, ибо какое общение праведности с беззаконием? Что общего у света с тьмою?» (2 Кор. 6:14). Такое отделение не означает, что мы должны прекратить все контакты с неверующими или стать отшельниками. В таком случае мы не смогли бы служить тем, кто не знает Господа. Отделение от мира в соответствии с Писанием предполагает то, что наша позиция и направленность жизни отличаются от мирских, и мы не идем на компромисс со своими убеждениями в угоду обычаям мира. Но нам нельзя и смотреть на все свысока, иначе наше мировоззрение будет казаться гордостью.

Иисус молился, чтобы Бог дал нам правильное отношение к миру: «Не молю, чтобы Ты взял их из мира, но, чтобы сохранил их от зла. Они не от мира, как и Я не от мира. Освяти их истиною Твоею: слово Твое есть истина. Как Ты послал Меня в мир, так и Я послал их в мир» (Ин. 17:15-18). Отец и Сын знают, что мы должны жить в мире, но они хотят видеть явное отличие между привычками и взглядами этого мира и нашими (ср. 1 Ин. 2:15-17).

Жить по-настоящему отделенной жизнью нелегко. Апостол Павел объясняет цену такой жизни: «Да и все, желающие жить благочестиво во Христе Иисусе, будут гонимы» (2 Тим. 3:12). Многие верующие сегодня не сталкиваются с гонениями просто потому, мало кто живет благочестивой жизнью, «выйдя за стан» этого мира. Слишком многие предпочитают идти на компромисс с принципами праведности дабы не утратить свой престиж в мире. Павел предупреждал об этом плотских христиан в Коринфе и призывал их последовать его примеру, дав согласие на все трудности жизни в отделении от мира: «Мы безумны Христа ради, а вы мудры во Христе; мы немощны, а вы крепки; вы в славе, а мы в бесчестии. Даже доныне терпим голод и жажду, и наготу, и побои, и скитаемся…» (1 Кор. 4:10-11).

Жертвенная жизнь

Все христиане понимают, что Иисус Христос принес Себя в единственную жертву за их грехи. Но многие часто забывают, что Бог требует от нас жертвы в виде восхваления Его и служения ближним. Автор Послания к евреям пишет: «Итак, будем через Него непрестанно приносить Богу жертву хвалы, то есть плод уст, прославляющих имя Его. Не забывайте также благотворения и общительности, ибо таковые жертвы благоугодны Богу» (13:15-16). Жертвенная жизнь – еще один признак, характерный для верующих, желающих жить принципиально.

Авторы книги Псалтирь знали очень много о первом аспекте жертвенного отношения: славить Бога и благодарить Его. Мы посмотрим на три примера такого отношения:

Славлю Господа по правде Его и пою имени Господа Всевышнего (7:18).

Что унываешь ты, душа моя, и что смущаешься? Уповай на Бога; ибо я буду еще славить Его, Спасителя моего и Бога моего (42:5).

Буду славить Тебя, Господи, между народами; буду воспевать Тебя среди племен… (107:4).

Мы должны приносить жертвы хвалы не только тогда, когда получаем какое-то благословение от Бога; это должно быть образом нашей жизни в любое время и при любых обстоятельствах. Павел наставляет нас: «за все благодарите: ибо такова о вас воля Божия во Христе Иисусе» (1 Фес. 5:18).

Апостол Иоанн предупреждает нас, что слова хвалы должны идти рука об руку со вторым аспектом жертвенной жизни – практическим служением и добрыми делами для других: «дети мои! станем любить не словом или языком, но делом и истиною» (1 Ин. 3:18). Если Бог занимает первое место в нашей жизни, а поклонение ему – первоочередное дело для нас, и при этом мы обладаем подлинной верой, то все это приведет к делам, прославляющим Его. Ограничиваться лишь одними правильными словами о том, как надо поступать – это еще не признак принципиальности (ср. Иак. 4:17).

Самая практичная из книг Нового Завета – Послание Иакова – прямо говорит о том, что слова хвалы и дела служения должны идти бок о бок: «Чистое и непорочное благочестие пред Богом и Отцом есть то, чтобы призирать сирот и вдов в их скорбях и хранить себя неоскверненным от мира» (Иак. 1:27). В 1 Иоанна 4:20 вновь кратко подводится итог в отношении важности этого момента, а также поясняется, что фактически означает пренебрегать им: «Кто говорит: „я люблю Бога“, а брата своего ненавидит, тот лжец: ибо не любящий брата своего, которого видит, как может любить Бога, Которого не видит?». Если наши действия не соответствуют нашему исповеданию любви и благодарности Богу, у нас нет оснований предполагать, что мы являемся частью Его семьи.

Позиция подчинения

Автор Послания к евреям упоминает третью ключевую область нашего отношения и поведения, которая доказывает подлинность принципиальности верующего перед Господом – подчинение.

Духовным наставникам

В дополнение к работе Своего Духа, Бог управляет церковью посредством ее руководителей, подконтрольных Духу. Евреям 13:17 показывает, как работает этот принцип: «Повинуйтесь наставникам вашим и будьте покорны, ибо они неусыпно пекутся о душах ваших, как обязанные дать отчет; чтобы они делали это с радостью, а не воздыхая, ибо это для вас неполезно».

Бог создал Свою Церковь таким образом, чтобы ею руководили подготовленные, назначенные Богом люди и, с Божьей помощью, определяли ее направление, обучали Слову, показывая путь и исправляя людей. В каждой новозаветной церкви были такие люди, называемые старейшинами и епископами (ср. Деян. 20:28; Титу 1:5). Апостол Петр дал наставление о том, как они должны осуществлять свой присмотр за церковью: «пасите Божие стадо, какое у вас, надзирая за ним не принужденно, но охотно и богоугодно, не для гнусной корысти, но из усердия, и не господствуя над наследием Божиим, но подавая пример стаду...» (1 Пет.5:2-3).

Поскольку лидерам предписано управлять в любви и смирении, то те, кто находится под их руководством, также должны подчиняться их авторитету в любви и смирении. Апостол Павел, обращаясь к фессалоникийской церкви, говорит: «Просим же вас, братия, уважать трудящихся у вас, и предстоятелей ваших в Господе, и вразумляющих вас, и почитать их преимущественно с любовью за дело их; будьте в мире между собою» (1 Фес. 5:12-13).

13 глава Послания к евреям добавляет, что люди Божьи в ответе за то, чтобы помогать своим лидерам руководить ими с радостью и удовлетворением. Один из основных способов делать это — добровольно подчиниться их авторитету. Поэтому радость наших руководителей в Господе должна быть главным стимулом для нашего подчинения им.

Иисус еще более явно показал необходимость нашего подчинения духовной власти, когда сказал ученикам: «Истинно, истинно говорю вам: принимающий того, кого Я пошлю, Меня принимает; а принимающий Меня принимает Пославшего Меня» (Ин. 13:20). Наше подчинение и послушание пасторам в нашей поместной церкви равносильно нашему подчинению и послушанию Христу.

Христиане в Филиппах стали живым примером подчинения своим лидерам, угодного Богу. Поскольку верующие в этом городе придерживались здравого учения и не восставали против Павла или кого-то еще из руководителей, Павел мог с радостью написать им следующие слова: «Благодарю Бога моего при всяком воспоминании о вас, всегда во всякой молитве моей за всех вас принося с радостью молитву мою...» (Флп. 1:3-4).

Однако мы знаем, что духовные лидеры не являются непогрешимыми или совершенными. И поэтому мы не всегда проявляем недостаток принципиальности или греховное непослушание, когда вынуждены в чем-то не согласиться с пастором церкви или обличить его. Но Слово Божье дает четкие указания относительно того, как и когда это должно делаться. В 1 Тимофею 5:19-20 говорится: «обвинение на пресвитера не иначе принимай, как при двух или трех свидетелях. Согрешающих обличай перед всеми, чтобы и прочие страх имели». Подобные действия против духовного лидера никогда не должны совершаться поспешно, а только при наличии достаточных доказательств, притом со всяким смирением и уважением.

Мы намного больше выигрываем и приобретаем пользы в нашей личной и духовной жизни, когда возрастаем и живем в послушании нашим духовным лидерам. Господь доволен, они радуются, и мы тоже обретаем радость. Радость Павла за верных христиан всегда была связана с их радостью в послушании: «О сем самом и вы радуйтесь и сорадуйтесь мне» (Флп. 2:18).

Государственным властям

Многим христианам не по душе напоминания о послушании Богу в плане их обязанности подчиняться властям. Апостол Петр говорит: «Итак, будьте покорны всякому человеческому начальству, для Господа: царю ли, как верховной власти, правителям ли, как от него посылаемым для наказания преступников и для поощрения делающих добро...» (1 Пет. 2:13-14; ср. Рим. 13:1-7).

Господь установил гражданскую власть. Поэтому, когда верующий подчиняется власти, он подчиняется Господу. Получатели Послания Петра – это христиане первого века, жившие под господством Римской империи – языческого, враждебного, антисемитского правительства. Если у кого и была причина бунтовать, рассуждая по-человечески, то именно у них. Но вне зависимости от того, при какой форме государственного правления живет христианин, он несет ответственность за то, чтобы надлежащим образом повиноваться правительству ради мирной жизни и действенного свидетельства.

Работодателю

Эта последняя область подчинения столь же важна, как и предыдущая. Петр пишет: «Слуги, со всяким страхом повинуйтесь господам, не только добрым и кротким, но и суровым» (1 Пет. 2:18).

Доминирующей социальной структурой Римской империи было рабство, и рабы чаще всего не могли рассчитывать на уважение. Вполне вероятно, что большинство христиан в ранней церкви были рабами, а в большинстве случаев – слугами владельца дома или поместья («слуги», греч «oiketēs»). В наше время это можно сравнить с отношениями «работодатель – работник».

Подобно тому как в те времена у раба мог быть «добрый и кроткий» либо «суровый» хозяин, так и в наши дни у работника может быть хороший либо плохой начальник. Но для христианина качества его работодателя не должны быть препятствием для подчинения ему. Бог повелевает нам повиноваться «со всяким страхом». Здесь идет речь о страхе перед Богом, а не перед человеком. У нас есть высшее призвание: мы должны помнить о Боге, что бы мы ни делали или говорили (1:17; 2:17; 3:2, 15). Это касается и уважения к общественному строю, в том числе и в плане взаимоотношений между работодателем и работником, поскольку это учреждено по воле Бога ради порядка и эффективной работы. Таким образом, мы должны служить нашему работодателю как Самому Господу.

Молитва о других

Согласно Евреям 13:10-21у нас есть еще одна обязанность перед Богом в проявлении библейской принципиальности: молиться Ему о наших духовных лидерах. Эта обязанность является логическим продолжением нашего послушания. Если мы охотно подчиняемся тем, кто несет ответственность за наши души, то вполне естественно желать молиться о них. Бог суверенен, но молитва – одно из средств, которое Он избрал для осуществления Своего совершенного плана через Своих слуг. Иаков увещевает нас этими простыми, но глубокими словами: «признавайтесь друг пред другом в проступках и молитесь друг за друга, чтобы исцелиться: много может усиленная молитва праведного» (Иак. 5:16).

Каждый слуга Христа нуждается в молитвах тех, кому он служит. Как и все люди, он грешен, слаб и ограничен. Если мы не будем с верностью молиться о тех, кто поставлен над церковью, их служение не будет настолько эффективным, как того хочет Господь (ср. Иак. 3:1).

Божьи лидеры сталкиваются с более сильным духовным противостоянием и искушением, нежели обычные верующие. Сатана знает, что, если он сможет заставить лидеров пойти на компромисс, отступить с позиций истины, опустить руки в служении или просто впасть в уныние, он нанесет урон делу Христа и повредит многим верующим. Вот почему апостол Павел охотно просил о молитвенной поддержке тех, кому он служил: «и о мне, дабы мне дано было слово – устами моими открыто с дерзновением возвещать тайну благовествования...» (Еф. 6:19). Если даже Павел просил об этом, то, несомненно, обычные служители Евангелия нуждаются и заслуживают наших молитв.

Автор Послания к Евреям, очевидно, был лидером в церкви или церквях, которым он писал. И, подобно Павлу, он уверенно просил, чтобы люди молились о нем и о всех лидерах: «Молитесь о нас; ибо мы уверены, что имеем добрую совесть, потому что во всем желаем вести себя честно» (Евр. 13:18). Он от всего сердца был уверен в своей верности в служении. И эта его уверенность не была самонадеянной, но основывалась на его доброй совести христианина.

Совесть каждого христианина очищена (Евр. 9:14), что означает, что Святой Дух помогает им понимать, что правильно, и делает их способными исполнять это. Чистая совесть позволяет нам быть честными в отношении своих нужд с собой и с другими, что и делал автор Послания к евреям. Он мог честно сказать, что хорошо служил людям, отданным под его опеку и надзор. Перед Богом он имел право ожидать, что его стадо заступится за него. Добросовестные духовные лидеры, те, кого Бог поставил над нами и которые действительно заботятся о благополучии наших душ, в равной мере нуждаются в наших молитвах и заслуживают этой поддержки.

Подводя итог сказанному, мы должны заметить, что составляющие нашей принципиальности – это признание того, что Бог должен занимать первое место в нашей жизни, и жизнь в соответствии с нашим призванием. Будучи послушными в исполнении своих обязанностей перед Господом и теми, кого Он поставил над нами, мы становимся более и более готовыми угождать Ему в сфере личной святости. Давайте посмотрим на картину ученичества, изображенную пастором XIX века:

Истинный христианин обладает таким пониманием своей абсолютной зависимости и имеет такое представление обо всей власти Бога над ним, что он чувствует, что все, чем он является, и все, что у него есть, принадлежит Богу. И поэтому его сердце в первую очередь посвящено служению Богу. У него есть священная склонность к обязанностям и планам, которые, как ему известно, должно исполнять всякое творение Божие. Служение Богу – не утомительное занятие, а то, чем он искренне и радостно занимается. Нет ничего, к чему его привязанность была бы такой сильной и от чего он испытывал бы столько удовольствия, как делать добро. Ему нравится радовать и прославлять своего Искупителя, делая добро своим собратьям. «Моя пища – говорит Господь Иисус – есть творить волю Пославшего Меня и совершить дело Его» (Ин. 4:34). Ученик, хотя и далек от достижения высокого примера своего Учителя, в этом отношении похож на своего Господина. Такой человек получает наслаждение, душевную радость от служения Богу, которое не может заменить никакое другое занятие. Независимо от того, какую должность он не занимал бы в этом мире, являясь пастором церкви или просто христианином; он может быть начальником или подчиненным, он может быть богатым или бедным, он может быть юристом или врачом, он может быть фермером, торговцем, механиком или обычным рабочим, он может быть моряком или землевладельцем, господином или слугой, и если он – дитя Божье, его сердце будет привязано к служению, добрым делам, угождению Богу[19].

Итог главы

Если мы будем постоянно отдавать Богу первое место в нашей жизни и стремиться соблюдать некоторые принципы, изложенные в Евреям 13:10-21, мы станем людьми, способными жить бескомпромиссно в мире суеты.

Начало (выберите что-то одно)

• Представьте себе, что один день или неделю вы не можете пользоваться своим планировщиком или календарем. Как это повлияет на использование вашего времени и управление приоритетностью задач? Как вы считаете, смогли бы вы сделать столько же дел, как обычно?

• Легко или трудно вам работать под руководством вашего начальника? Кратко поделитесь вашим опытом о том, что вызывало в вас нежелание подчиняться ему. Как вы справились с этой ситуацией?

---

[19] Gardiner Spring, *The Distinguishing Traits of Christian Character* (1829; reprint, Nutley, N.J.: Presbyterian and Reformed, 1977), 47.

Ответьте на вопросы

• Как история, описанная в Евангелии от Луки 10:38-42 иллюстрирует трудности, с которыми встречаются верующие в том, чтобы ставить Бога на первое место в свой жизни?

• Что имеет в виду Евреям 13:13, когда говорит о том, что Иисус «пострадал вне врат»?

• Как отделение от мира в его правильном понимании влияет на ваши отношения с неверующими?

• Каким отношением к ней должна сопровождаться наша жертвенная жизнь? Какие три стиха из книги Псалмов иллюстрируют это?

• Каким трем категориям людей Писание повелевает нам служить и послушно подчиняться?

• Какие искушения приходится испытывать духовным лидерам в большей мере, нежели рядовым христианам, и к чему это должно побуждать нас?

Фокусируясь на молитве

• Просите Бога, чтобы Он напоминал вам каждый день о том, что Он должен быть всегда на первом месте вашей жизни.

• Молитесьо том, чтобы успешно избегать мирских искушений и грехов, угрожающих вашей принципиальной жизни.

Применяя истину

Напишите письмо ободрения и благодарности одному из представителей власти и скажите, что вы поддерживаете его (или ее) молитвой. Вы также можете включить в письмо подходящие стихи из Писания, отрывок из христианской книги или вложить евангельский трактат.

9

ОТВЕТСТВЕННОСТЬ
ЗА ЛИЧНУЮ СВЯТОСТЬ

Мартин Ллойд-Джонс, которого многие считают самым одаренным проповедником двадцатого века, написал следующее:

Если вы продолжите жить этой праведной жизнью и будете практиковать ее изо всех сил, все свое время... вы обнаружите, что процесс, который происходил раньше, вследствие которого вы шли от плохого к еще худшему и становились все гнуснее и гнуснее, полностью обратился вспять. Вы будете становиться все чище и чище, более святыми, и все больше и больше будете соответствовать образу Сына Божия[20].

Последовательная праведная жизнь — это демонстрация личной принципиальности, потому что она показывает решимость человека любить Бога и повиноваться Ему.

---

[20] *Romans: An Exposition of Chapter Six* (Grand Rapids, Mich.: Zondervan, 1972), 268-69.

Когда ваше поведение соответствует тому, кем вы себя называете, когда ваши дела соответствуют вашим словам, тогда вы можете считаться принципиальным человеком. Очевидно, что существует прямая связь между принципиальностью и библейской святостью. И Бог ведет каждого верующего по пути к святости через процесс освящения. Как сказал д-р Ллойд-Джонс, этот процесс достигает кульминации в христианской зрелости, поскольку каждый верующий находится в процессе уподобления образу Христа. Это настоящая святость и принципиальность.

Поэтому, если мы хотим быть принципиальными людьми, мы также должны быть святыми людьми. А это требует полного усердия и внимательности ко всем аспектам освящения, включая крайне важную сферу личной святости. Есть несколько ключевых сфер, о которых должны помнить все христиане, стремящиеся возрастать в личной святости.

Сексуальная чистота: достоинство брака

Современная культура одержима сексом как никогда раньше. Даже при том, что существует явная возможность заражения СПИДом и другими заболеваниями вследствие беспорядочной половой жизни, все больше и больше людей терпимо относятся к внебрачному сексу и даже пропагандируют его. Некоторые из очевидных обескураживающих результатов этой тенденции – тревожный рост числа беременностей и родов вне брака (и, как следствие, количества абортов для устранения этих «проблем»), изнасилований и растления детей, а также различных венерических заболеваний. За последние годы в фильмах и на телевидении поразительно возросло количество порнографического и эротического контента, особенно с различного рода непристойным подтекстом.

Я верю, что Божий суд уже коснулся нашего общества из-за таких греховных взглядов и дел. Возьмите, к примеру, количество разводов, случаев домашнего насилия, неблагополучных семей, убийств и других насильственных преступлений, движимых неконтролируемой похотью. Люди не могут продолжать нарушать Божьи нормы и принципы без тяжких последствий.

Когда верующие или называющие себя верующими ведут себя аморально, последствия такого поведения особенно огорчительны, потому что это разрушает свидетельство Евангелия и вредит всем истинным христианам. Вспомните только негативное влияние скандалов в евангельских кругах конца 1980-х годов или цинизм, вызванный новостями о безнравственном поведении католических священников по отношению к молодежи в их церкви.

Мужчины и женщины предаются всем видам распутства и извращений, и это считается вполне приемлемым в мире. Но, согласно Божьему слову, сексуальная нечистота в любом случае является грехом и всегда подлежит осуждению. Апостол Павел предупреждал христиан в Ефесе:

А блуд и всякая нечистота и любостяжание не должны даже именоваться у вас, как прилично святым... ибо знайте, что никакой блудник, или нечистый, или любостяжатель, который есть идолослужитель, не имеет наследия в Царстве Христа и Бога. Никто да не обольщает вас пустыми словами, ибо за это приходит гнев Божий на сынов противления (Еф. 5:3, 5-6).

В 1 Коринфянам 6:18 апостол говорит всем верующим «бегайте блуда; всякий грех, какой делает человек, есть вне тела, а блудник грешит против собственного тела».

Один и тот же греческий термин используется для обозначения «безнравственности» в обоих этих отрывках. Автор Послания к евреям использует слово с тем же корнем (*«pornos»*, от которого произошло слово «порнография»), когда он говорит о «прелюбодеях» в Евреям 13:4: «Брак у всех да будет честен и ложе непорочно; блудников же и прелюбодеев судит Бог». Один и тот же сексуальный грех осужден (прямо или косвенно) во всех трех отрывках.

Но Бог дал нам возможность избежать такого сексуального греха через институт брака. Павел говорит: «Но, во избежание блуда, каждый имей свою жену, и каждая имей своего мужа» (1 Кор. 7:2).

Однако Господь установил брак не как всего лишь превентивное средство против безнравственности. Он считает брак благом и хочет, чтобы мы высоко ценили его. Мы можем сделать это несколькими способами. Во-первых, мы чтим брак, когда муж выполняет свои обязанности в качестве главы: «хочу также, чтобы вы знали, что всякому мужу глава – Христос, жене глава – муж, а Христу глава – Бог» (1 Кор. 11:3). Во-вторых, мы чтим брак, когда жены подчиняются своим мужьям, как Сарра поступала с Авраамом (1 Пет. 3:1, 6). В-третьих, мы чтим брак, когда следим за тем, чтобы он был наполнен взаимной любовью и уважением, как наставляет нас апостол Петр: «также и вы, мужья, обращайтесь благоразумно с женами, как с немощнейшим сосудом, оказывая им честь, как сонаследницам благодатной жизни, дабы не было вам препятствия в молитвах» (1 Пет. 3:7). С всеобъемлющим милосердием, любовью и честностью муж и жена должны бескорыстно заботиться о благополучии друг друга. Оба должны сосредоточиться на том, что они могут дать, а не на том, что они могут получить.

Бог серьезно относится к сексуальной чистоте. Секс прекрасен и полезен в браке, но вреден и разрушителен вне брака. «Ибо воля Божия есть освящение ваше, чтобы вы воздерживались от блуда, чтобы каждый из вас умел соблюдать свой сосуд в святости и чести...» (1 Фес. 4:3-4). Важной составляющей нашей ответственности за нравственность и целостность характера является чистота в сексуальных вопросах.

Довольство: удовлетворенность тем, что у тебя есть

Другой аспект личной святости, который чрезвычайно важен, если мы хотим иметь библейскую принципиальность, — это довольство тем, что дал нам Бог. Автор Послания к евреям дает нам простое увещевание относительно довольства: «Имейте нрав не сребролюбивый, довольствуясь тем, что есть. Ибо Сам сказал: „не оставлю тебя и не покину тебя“» (13:5).

Алчность (сребролюбие) – один из главных способов проявления недовольства. Алчность – это жажда приобретения. Это значит, что все наше внимание поглощено размышлениями о том, как заработать больше денег или приобрести что-то новое, вне зависимости от того, сможем ли мы когда-то получить это. Иллюстрацией такой позиции может стать история из начала карьеры нефтяного магната Джона Д. Рокфеллера (1839-1937). Один друг спросил молодого Рокфеллера, сколько денег он хотел бы иметь. «Миллион долларов» – ответил он. После того, как Рокфеллер заработал свой первый миллион, его друг спросил, сколько еще денег он хочет. Тот ответил: «еще один миллион».

Желание Рокфеллера – хорошая иллюстрация к закону убывающей отдачи по отношению к алчности: чем больше мы получаем, тем больше мы хотим, и чем больше мы хотим, тем меньше мы довольны. Екклесиаст (вероятно, Соломон, который бы очень хорошо понял этот принцип) писал: «Умножается имущество, умножаются и потребляющие его; и какое благо для владеющего им: разве только смотреть своими глазами?» (Еккл. 5:10).

Согласно Писанию, любовь к деньгам – один из самых распространенных способов проявления жадности. За деньги можно купить почти все, что мы только можем пожелать, поэтому они стали синонимом вожделения материальных благ любого сорта. Очевидно, что мы должны стремиться к свободе от любой тяги к материальным ценностям. Такие желания показывают, что мы верим в богатство, а не в живого Бога. Павел учил Тимофея, как поступать в этом случае, и его повеления особенно необходимы для христиан, живущих в богатых западных странах: «Богатых в настоящем веке увещевай, чтобы они не высоко думали о себе и уповали не на богатство неверное, но на Бога живого, дающего нам всё обильно для наслаждения...» (1 Тим. 6:17).

Господь Иисус, возможно, в Своей самой отрезвляющей притче, предупреждает нас о серьезных ловушках алчности и любви к материальным благам:

При этом сказал им: смотрите, берегитесь любостяжания, ибо жизнь человека не зависит от изобилия его имения. И сказал им притчу: у одного богатого человека был хороший урожай в поле; и он рассуждал сам с собою: «что мне делать? некуда мне собрать плодов моих». И сказал: «вот что сделаю: сломаю житницы мои и построю бо́льшие, и соберу туда весь хлеб мой и всё добро мое. и скажу душе моей: душа! много добра лежит у тебя на многие годы: покойся, ешь, пей, веселись». Но Бог сказал ему: «безумный! в сию ночь душу твою возьмут у тебя; кому же достанется то, что ты заготовил? Так бывает с тем, кто собирает сокровища для себя, а не в Бога богатеет (Лк. 12:15-21).

Любовь к деньгам и материальным ценностям проявляется различными способами. Для некоторых людей это остается лишь на уровне желаний — они никогда ничего не приобретают. Но другие действительно приобретают богатство, и испытывают острое наслаждение от приумножения того, что у них есть. Они любят пополнять свои банковские счета, наращивать свои фондовые и инвестиционные портфели или участвовать в новых бизнес-проектах.

Некоторые люди просто любят деньги ради них самих и с удовольствием их копят. Другие стремятся произвести впечатление через безудержное потребление, покупая новые, более дорогие вещи: модную одежду, дорогую электронику и компьютеры, роскошные автомобили, огромные виллы, — все, что угодно, лишь бы продемонстрировать свое богатство. Тяга к материальным благам в любом проявлении неугодна Богу. Мы все испытываем искушение — некоторые чаще, чем другие — поставить под угрозу наше свидетельство и поступиться своими принципами ради материальной выгоды. Но Бог хочет, чтобы мы были довольными.

Писание содержит ряд практических советов, с помощью которых мы можем наслаждаться довольством. Во-первых, мы должны осознать Божью благость и верить, что наш Отец позаботится о нас. Апостол Павел напоминает нам, что «притом знаем, что любящим Бога, призванным по Его изволению, все содействует ко благу» (Рим. 8:28).

Во-вторых, мы должны по-настоящему поверить в то, что Бог всеведущ. Он знает наши нужды задолго до нашей просьбы к Нему позаботиться о них. Иисус сказал ученикам: «ваш же Отец знает, что вы имеете нужду в том...» (Лк. 12:30).

Третий жизненно важный компонент истинного довольства — то, что, по нашему мнению, мы заслуживаем. Мы часто имеем преувеличенное, самодовольное представление о том, чего мы желаем, и еще в большей степени — о том, в чем нуждаемся. Но на самом деле, по суверенному замыслу Господа, самое малое благо, которое мы имеем, намного больше того, что мы на самом деле заслуживаем. Подобно Иакову, мы недостойны «всех милостей и всех благодеяний, которые Ты сотворил рабу Твоему» (Быт. 32:10).

В-четвертых, Слово Божье призывает нас признать Его суверенное превосходство. Мы не будем полностью довольны, пока не увидим, что Его план не одинаков для всех Его детей. То, что Отец с любовью дает одному верующему, Он так же с любовью удерживает от другого (ср. 1 Кор. 12:4-11). Анна, мать Самуила, говорила мудро и метко о материальных благословениях: «Господь делает нищим и обогащает» (1 Цар. 2:7). Возможно, нам не нравится первая часть этого утверждения, но Бог знает, что быть богатым – это не самый лучший план для нас. Это может даже нанести нам духовный урон (как богачу в Ев. от Луки 12). Господь всегда дает нам то, что нужно.

Наконец, мы должны продолжать помнить, что мирские блага и имущество не являются истинным богатством. Наше настоящее сокровище на небесах. Поэтому Павел призывает нас: «о горнем помышляйте, а не о земном» (Кол. 3:2). Поэтому, в конечном счете, подлинное довольство является результатом нашего общения с Богом Отцом и Его Сыном. Когда мы приближаемся ко Христу, когда мы осознаем духовные богатства, которые мы имеем в Нем, материальные блага просто теряют свою ценность в сравнении с Ним.

Стойкость: сохранять чистоту учения

Одна из наиболее изощренных тактик диавола – увести верующих от здравого учения. Если ему удастся увлечь нас с помощью небиблейских, сомнительных, абсурдных или манипулятивных доктрин, это сведет нашу эффективность почти до нуля. Даже если мы не находимся под влиянием какой-то конкретной ложной доктрины, наша христианская жизнь может страдать из-за лени, отсутствия бдительности и простого невежества относительно фундаментальных вопросов учения. Неверное учение либо слабое понимание верного учения, в том числе и низкий стандарт принципиальности или его полное отсутствие, делают нас уязвимыми для всех видов дурного влияния. Автор Послания к евреям напоминает нам, где находится наш якорь, и снова побуждает нас идти по правильному пути: «Иисус Христос вчера и сегодня, и вовеки Тот же. Учениями различными и чуждыми не увлекайтесь; ибо хорошо благодатью укреплять сердца, а не яствами, от которых не получили пользы занимающиеся ими» (13:8-9).

Ложное учение в различных формах преследует церковь с самых ранних дней. Лжеучители стремились ослабить раннюю церковь. К примеру, иудействующие законники, которые возвещали иное благовествование в Галатии. За последние 200 лет богословский либерализм и скептицизм подорвали библейское основание церкви и заставили многих людей отказаться от таких основных доктрин как божественность Христа, богодухновенность и авторитет Писания, а также спасение только верой по благодати. И, как мы отмечали во второй главе, сегодня видимая евангельская церковь ослаблена многими факторами, начиная от субъективизма, прагматизма и психологии, и заканчивая небрежным пониманием Евангелия и неуместным чувством толерантности и экуменизма, которое хочет разбавить или преуменьшить важность здравого учения.

Во время своего апостольского служения Павел более всего опасался вторжения ложного учения в жизнь христиан в новых церквях. Он знал, что доктринальная нечистота была источником всех видов безбожного поведения. Это переживание проявило себя в глубокой заботе Павла о духовном благополучии коринфян: «но боюсь, чтобы, как змий хитростью своею прельстил Еву, так и ваши умы не повредились, уклонившись от простоты во Христе» (2 Кор. 11:3).

Павел также был глубоко обеспокоен нестабильным состоянием верующих в Галатии: «удивляюсь, что вы от призвавшего вас благодатью Христовою так скоро переходите к иному благовествованию, которое, впрочем, не иное, а только есть люди, смущающие вас и желающие превратить благовествование Христово» (Гал. 1:6-7). Он понял, что лжеучители могут быть искренними, убедительными, правдоподобными и даже добрыми и приятными. Но Павел также был убежден, что поверхностные, субъективные стандарты – это неправильное отношение к учению. Высшим стандартом всегда является Слово Божье: «но если бы даже мы или Ангел с неба стал благовествовать вам не то, что мы благовествовали вам, да будет анафема» (ст. 8).

Как мы говорили во второй главе, чистота доктрины является важнейшей основой, на которой основано все остальное в христианской жизни. Если мы хотим практиковать личную святость и проявлять истинную принципиальность, наше учение должно быть здравым.

В Римлянам 12:9 Павел возлагает на нас три дополнительные обязанности, связанные с личной святостью: «любовь да будет непритворна; отвращайтесь зла, прилепляйтесь к добру…». На первый взгляд это тройственное наставление может показаться несколько более абстрактным, чем повеления из 13 главы Послания к евреям, которые мы обсудили ранее. Но я верю, что, при рассмотрении Римлянам 12:9 вы увидите, насколько это применимо к теме христианской принципиальности. Эти наставления также доказывают, что стремление к святости не является чем-то мистическим и неопределенным, но практичным и основанным на сознательном повиновении Слову Божьему.

Любить без лицемерия

Любовь «агапе» – величайшая добродетель христианской жизни. Однако этот тип любви был редкостью в языческой греческой литературе. Причиной тому было, что черты любви «агапе» – бескорыстие, жертвенность, преданность, забота о благосостоянии других людей – в древнегреческой культуре по большей части презирались как признаки слабости.

Тем не менее, Новый Завет говорит о любви «агапе», как о черте характера, вокруг которой вращаются все остальные. Апостол Иоанн пишет: «Бог есть любовь, и тот, кто пребывает в любви, пребывает в Боге, и Бог пребывает в нем» (1 Ин. 4:16). Сам Иисус придает большое значение любви в Своем ответе иудейскому законнику:

> *Учитель! какая наибольшая заповедь в законе? Иисус сказал ему: возлюби Господа Бога твоего всем сердцем твоим и всею душею твоею и всем разумением твоим: сия есть первая и наибольшая заповедь; вторая же подобная ей: возлюби ближнего твоего, как самого себя; на сих двух заповедях утверждается весь закон и пророки. (Мф. 22:36-40; ср. Рим. 13:8, 10).*

Поэтому неудивительно, что первый «плод Духа – это любовь» (Гал. 5:22), и что любовь к другим верующим является основным способом, благодаря которому люди узнают, что мы верующие (Ин. 13:35; ср. 1 Фес. 3:12; 1 Ин. 3:18). Апостол Павел сам служил единоверцам «в Святом Духе, в подлинной любви» (2 Кор. 6:6).

Любовь «агапе» является настолько важной составляющей личной святости, что апостол Иоанн утверждает: «мы знаем, что мы перешли из смерти в жизнь, потому что любим братьев; не любящий брата пребывает в смерти» (1 Ин. 3:14). Человек, который не проявляет настоящей любви в своей жизни – неверующий. Без любви мы не можем позволить себе надеяться на вечную жизнь, а тем более быть принципиальным человеком.

Ненавидеть зло

Логично предположить, что человек, который стремится проявлять любовь «агапе», также будет и ненавидеть зло. Ненависть к злу – это обратная сторона любви, которая, по определению, не может «радоваться неправде» (1 Кор. 13:6). Поскольку «страх Господень есть начало мудрости» (Прит. 9:10), из этого следует, что «страх Господень – ненавидеть зло» (Прит. 8:13). Верующий «ненавидит зло» (Рим. 12:9), потому что это то, как поступает Бог.

Если мы – верные последователи Христа и всерьез желаем считаться принципиальными, мы не можем мириться со злом ни в какой форме или степени. Но это легче сказать, чем сделать. Борьба против участия в злом является частью более масштабной битвы за личную святость. Даже Павел признавался: «ибо мы знаем, что закон духовен, а я плотян, продан греху. Ибо не понимаю, что делаю: потому что не то делаю, что хочу, а что ненавижу, то делаю. Доброго, которого хочу, не делаю, а злое, которого не хочу, делаю. Если же делаю то, чего не хочу, уже не я делаю то, но живущий во мне грех. Итак, я нахожу закон, что, когда хочу делать доброе, прилежит мне злое. Ибо по внутреннему человеку нахожу удовольствие в законе Божием…» (Рим. 7:14-15, 19-22). Это и есть борьба, и когда верующий противостоит греху и иногда поддается ему, его внутренняя благочестивая природа с Божьей помощью в конце концов отвергнет зло и отвратится от него.

Обычная человеческая мудрость заявляет, что зло можно возненавидеть только в том случае, если оно ужасает.

Но постоянная атака на наши чувства в современной мультимедийной культуре, со всей ее безнравственностью и насилием, делает нас неспособными ужасаться чему-либо. К сожалению, многие верующие доставляют себе удовольствие постоянным употреблением мирских нечестивых развлечений в возрастающих дозах. Они оправдывают свое поведение, полагая, что, поскольку они являются христианами, подверженность греху и злу не окажет на них длительного воздействия. Но на самом деле такое постоянное потребление притупляет у христиан способность испытывать ужас и отвращение по отношению к злу, что, в свою очередь снижает их сопротивление злому и заставляет их к нему приспосабливаться.

Если мы действительно ненавидим зло, то удем стремиться к тому, чтобы, прежде всего, избегать его. Вспомните благочестивого мужа из первого псалма: «Блажен муж, который не ходит на совет нечестивых и не стоит на пути грешных и не сидит в собрании развратителей, но в законе Господа воля его, и о законе Его размышляет он день и ночь» (ст. 1-2). Мы не можем флиртовать с грехом и злом и не подвергаться губительному влиянию.

Апостол Павел в обоих своих письмах к Тимофею говорит, что единственный надежный ответ против искушения зла — избегать его влечения: «Ты же, человек Божий, убегай сего, а преуспевай в правде, благочестии, вере, любви, терпении, кротости» (1 Тим. 6:11). «Юношеских похотей убегай, а держись правды, веры, любви, мира со всеми призывающими Господа от чистого сердца» (2 Тим. 2:22).

Когда мы следуем руководству Святого Духа и используем Его ресурсы, мы должны быть готовы и способны противостоять злу вне зависимости от того, насколько частым и интенсивным будет это противостояние. Поскольку «у нас есть ум Христов» (1 Кор. 2:16), мы можем все испытывать, хорошего держаться; удерживаться от всякого рода зла (1 Фес. 5:21-22).

Держаться добра

В упомянутых выше стихах пятой главы Первого послания к фессалоникийцам Павел ясно призывает верующих быть проницательными и все тщательно и вдумчиво оценивать. Основываясь на Слове Божьем, мы можем рассудить, что нам нужно отвергать и чего держаться. Очевидно, что, если мы хотим возненавидеть зло, нам нужно любить добро и держаться его.

В Послании к римлянам 12:9 Павел говорит, что мы должны «прилепиться к добру…». Греческое слово, переведенное как «прилепиться», передает идею «держаться за что-то». Это слово (однокоренное со словом «клей») стало ассоциироваться с любой физической, эмоциональной или духовной связью. Чтобы стать слугами Христа, которые обладают принципиальностью, мы должны связать себя со всем, что изначально хорошо, правильно и достойно.

В конце своих наставлений к филиппийцам апостол Павел дает нам определение добра и способ «прилепиться» к нему: «наконец, братия мои, что́ только истинно, что честно, что́ справедливо, что́ чисто, что́ любезно, что́ достославно, что только добродетель и похвала, о том помышляйте» (4:8). Ключевая идея здесь — отделить себя от мирских вещей и насытить наш разум Писанием, чтобы доброе управляло нашей жизнью и вытесняло из нее все злое (ср. Рим. 12:1-2).

Мы не можем отрицать, что путь к личной святости требует дисциплинированных усилий и часто труден, но на этом пути Бог дает нам в полноте духовную силу и ресурсы Писания, которые нужны нам, чтобы успешно продолжать путь. Наша ответственность достигать личной святости вместе с обязанностью отдавать Богу первое место во всем — это только один шаг к построению жизни без компромиссов. Последний шаг — стать принципиальными людьми в глазах окружающих, и это происходит лишь тогда, когда мы относимся к ним в соответствии с Божьими стандартами.

Итог главы

Быть принципиальным человеком для верующего означает постоянно и по нарастающей претворять в свою жизнь личную святость в таких вопросах как сексуальная чистота, довольство в материальных нуждах, здравое учение и искренняя любовь.

Начало (выберите что-то одно)

• Каждый день мы сталкиваемся с различными формами рекламы. Что вы можете сказать о последней, которую приходится слышать слишком часто? Она вам уже надоела? Как это приводит к недовольству?

• Учитывая то, как безответственно ведет себя этот мир, что бы вы поставили на первое место, как пример проявления такой безответственности? (это может быть общепринятое мнение, философия, деятельность, пренебрежение и т. д.)? Повлияло ли это на ваше собственное поведение или повергло в равнодушие? Если повлияло, то каким образом и до какой степени? Как на практике вы можете избегать такого влияния?

Отвечая на вопросы

• Назовите три способа, посредством которых христиане могут чтить свой брак?

• Что такое алчность и каким образом, согласно Писанию, она наиболее часто проявляется?

• Назовите два из четырех советов, подкрепленных Писанием, в этой главе касательно того, как достигнуть довольства.

• Как искаженное или неправильное понимание доктрины влияет на вашу христианскую жизнь?

• Назовите три лжеучения, которые нанесли вред церкви на протяжении ее истории.

• Как соприкосновение с безбожной культурой, новостями и развлечениями, повлияло на способность испытывать ужас и отвращение по отношению к греху у большинства верующих?

• Что является ключом к «прилепляйтесь к добру» (Рим. 12:9)?

Фокусируясь на молитве

• Благодарите Бога за за все, чем Он благословил вас материально, и просите Его, чтобы Он даровал вам большую степень довольства.

• На следующей неделе найдите время для особенной молитвы за ваш народ и страну. Просите Господа, чтобы Он сделал вас и других верующих более чувствительными ко злу и несправедливости, и более решительно отстаивать то, что правильно.

Применяя истину

В ближайшем будущем выберите двухнедельный период времени, когда вы меньше будете смотреть телевизор. (Или меньше сидеть в интернете – *Прим. ред.*) Уменьшите это время до одного часа на день, если возможно, и планируйте заниматься чем-то другим вместо этого. Ведите письменный отчет, как продвигается этот процесс, и записывайте все то, чему Бог научил вас в это время. (Если у вас нет телевизора, запланируйте дополнительное чтение Писания или другой христианской литературы).

10

ОБЯЗАННОСТИ ПРАКТИЧЕСКОЙ СВЯТОСТИ

Френсис Шеффер, один из самых влиятельных христианских мыслителей двадцатого века, написал следующие строки в последней главе своей последней книги:

Все люди являются нашими ближними, и мы должны любить их как самих себя. Мы должны делать это, даже если они не искуплены, ведь все люди имеют ценность, потому что они созданы по образу Божьему. Поэтому их нужно любить, даже если это дорого нам обойдется.

В этом, конечно, весь смысл истории Иисуса о добром самарянине: поскольку человек – это человек, его нужно любить любой ценой.

Таким образом, когда Иисус дает особое повеление любить наших братьев-христиан, это не отменяет другого повеления. Эти два повеления не противоположны. Мы не должны стоять перед выбором любить всех людей как самих себя и любить христианина особым образом. Две заповеди усиливают друг друга.

Если Иисус заповедал, чтобы мы любили всех людей как наших ближних, то насколько важно особенно любить наших собратьев-христиан. Если нам сказано, что мы должны любить всех людей, как самих себя, то, конечно же, это касается тех, с кем мы соединены особыми братскими узами. У всех верующих одно гражданство, один Отец, один посредник Иисус Христос и один Дух Святой. Я считаю, что чрезвычайно важно, чтобы все люди могли видеть особенную любовь к тем, с кем у нас есть эти особые отношения. Павел разъясняет такое двойное обязательство в Галатам 6:10: «итак, доколе есть время, будем делать добро всем, а наипаче своим по вере». Он не отменяет повеления делать добро всем людям. Но все же добавляет «наипаче своим по вере». Эта двойная цель должна владеть нашим христианским мышлением, настраивать наш разум; мы должны сознательно думать об этом. Это отношение должно управлять нашими поступками[21].

Шеффер прекрасно понимал ответственность верующего перед другими людьми. Он видел тонкое равновесие, которое нам необходимо поддерживать между нашей особой обязанностью любить собратьев-христиан (то, что он называл «признаком христианина») и нашей более общей обязанностью любить неверующих. Как только мы поймем эту концепцию и начнем ежедневно воплощать ее в жизнь, окружающие нас люди с большой степенью вероятности почувствуют, что мы отличаемся от всех. Когда они увидят, что наша любовь подлинна, что

---

[21] *The Great Evangelical Disaster* (Wheaton, Ill.: Crossway, 1984), 157-58.

мы по-настоящему искренни в своем отношении к другим, они могут задаться вопросом, что движет нами, и таким образом услышат истину Евангелия.

Вопрос наших отношений с другими включает в себя то, что я называю обязательством практической святости. Говоря об этой ответственности, как об обязательстве, можно сделать вывод, что это трудно и обременительно. Но не в том случае, когда наши сердца наполнены праведностью Божьей, когда мы подчиняемся Богу и придерживаемся личной святости. По мере изучения Слова Божьего и понимания того, что оно говорит о нашем освящении, мы начнем подражать Христу как в отношении к тем, кто внутри и вне семьи Божьей, так и в наших поступках. Если и верующие, и неверующие смогут увидеть Христа в нас, значит, в нас начала проявляться сила, которую может дать только Господь, та самая сила, которую Он являл людям в этом мире – сила принципиальности.

Наши отношения с верующими

Первый этап практической святости на что мы прежде всего должны обратить внимание – как мы строим отношения с другими христианами. Текст Послания к римлянам 12:10-13 никоим образом не является исчерпывающей информацией по этому вопросу, но в нем Павел поясняет суть того, как нужно вести себя по отношению к другим членам Тела Христова: «Будьте братолюбивы друг ко другу с нежностью; в почтительности друг друга предупреждайте; в усердии не ослабевайте; духом пламенейте; Господу служите; утешайтесь надеждою; в скорби будьте терпеливы, в молитве – постоянны; в нуждах святых принимайте участие; ревнуйте о странноприимстве».

Проявляйте братолюбие

Братская любовь – это ключевой показатель, с помощью которого церковь доказывает миру то, что она истинная и на самом деле принадлежит Христу: «по тому узнают все, что вы Мои ученики, если будете иметь любовь между собою» (Ин. 13:35).

Такая любовь не только обязательна для христиан, но и неизбежна, потому что «и всякий, любящий Родившего, любит и Рожденного от Него» (1 Ин. 5:1). Ранее в этом письме апостол Иоанн высказал эту мысль гораздо более резко: «кто говорит: „я люблю Бога“, а брата своего ненавидит, тот лжец: ибо не любящий брата своего, которого видит, как может любить Бога, Которого не видит?» (4:20). Какое же лицемерие проявляет каждый, кто заявляет, что он христианин, но не любит других верующих!

Самое элементарное проявление братской любви видно, когда мы заботимся о других христианах больше, чем о себе. Павел напоминает нам о необходимости стремиться к этому: «ничего не делайте по любопрению или по тщеславию, но по смиренномудрию почитайте один другого высшим себя. Не о себе только каждый заботься, но каждый и о других» (Флп. 2:3-4).

Преданная братская любовь должна проявляться христианами, особенно зрелыми верующими, на интуитивном уровне. Вот почему Павел сказал фессалоникийцам: «О братолюбии же нет нужды писать к вам; ибо вы сами научены Богом любить друг друга...» (1 Фес. 4:9). Тот факт, что Бог – наш общий небесный Отец, должен побуждать нас любить других христиан так же нормально и естественно, как мы любим членов нашей биологической семьи.

Любовь, о которой говорится в Римлянам 12:10 «будьте братолюбивы друг ко другу с нежностью» (в переводе Кассиана: «в братолюбии будьте друг с другом как родные» – *прим. ред.*) – это не сентиментальная, поверхностная привязанность. Здесь и везде в Новом Завете она основана на глубокой и искренней заботе о другом человеке и приводит к практическим обязательствам. «А кто имеет достаток в мире, но, видя брата своего в нужде, затворяет от него сердце свое, – как пребывает в том любовь Божия?» (1 Ин. 3:17). Если любовь никогда не приводит к практическим действиям в интересах братьев-христиан, это ставит под сомнение реальность вашей любви к ним и, в конечном счете, вашей любви к Богу.

Иоанн продолжает побуждать нас к последовательному проявлению истинной братской любви: «дети мои! станем любить не словом или языком, но делом и истиною» (ст. 18). Тот, кто говорит, что любит своих братьев и сестер во Христе, но не подкрепляет это действиями – лицемер. Но тот, чьи поступки раскрывают подлинность его любви, обладает принципиальностью.

Оказывайте предпочтение другим с любовью

Смирение – это важнейший аспект любви. Он настолько важен, что почти предполагается, что те, кто действительно любит своих братьев по вере, будут «в почтительности друг друга предупреждать» (в переводе Кассиана: «каждый считай другого более достойным чести» – *прим. ред.*). Апостол Павел дал это повеление в Римлянам 12:10, но ранее в этой главе он уже указал на необходимость христианского смирения: «по данной мне благодати, всякому из вас говорю: не думайте о себе более, нежели должно думать; но думайте скромно, по мере веры, какую каждому Бог уделил» (ст. 3; ср. Флп. 2:3).

Концепция почтительности в Послании к римлянам 12:10 никоим образом не означает, что вы должны льстить или расточать ложную похвалу по отношению к окружающим. Речь идет скорее о том, что мы должны проявлять искреннюю благодарность и уважение к другим членам Божьей семьи. Те, кто сыплет пустыми комплиментами, чтобы добиться чьей-то благосклонности, выдают свой эгоизм и недостаток принципиальности. Бог хочет, чтобы мы были внимательны к нашим братьям и сестрам и спешили признавать их достижения.

В усердии не ослабевайте

Поскольку в служении Господу нет места лени и праздности, Павел призывает нас не ослабевать в усердии (Рим. 12:11). Соломон советует нам: «Все, что может рука твоя делать, по силам делай; потому что в могиле, куда ты пойдешь, нет ни работы, ни размышления, ни знания, ни мудрости» (Еккл. 9:10). Нам нужно максимально использовать время, которое Господь дал нам на земле. Многие возможности для христианского служения выпадают нам лишь однажды, и нам нужно ими воспользоваться.

Carpe diem — известная латинская фраза, которая стала еще более популярной в последние годы. Она означает «лови момент». Таков был взгляд Иисуса на жизнь. Он сказал ученикам: «Мне должно делать дела Пославшего Меня, доколе есть день; приходит ночь, когда никто не может делать» (Ин. 9:4). Христос всегда стремился наилучшим образом и наиболее эффективно осуществлять Свое служение, потому что Он знал, что Отец отвел Ему на земле ровно столько времени, чтобы только исполнить Его волю.

Недостаток усердия в служении Богу не только тратит впустую возможности для добрых дел, но и позволяет процветать злу: «Итак, смотрите, поступайте осторожно, не как неразумные, но как мудрые, дорожа временем, потому что дни лукавы» (Еф. 5:15-16). Автор 18 главы Притчей добавляет к этому предупреждению следующее: «нерадивый в работе своей – брат расточителю» (ст. 9). Последствия лени показаны на примере человека, который хочет вырастить обильный урожай, но не возделывает свое поле и не выпалывает сорняков. Также это похоже на жилище тех хозяев, кто пренебрегает стрижкой газона или обрезкой деревьев и кустов вокруг дома. (ср. Прит. 24:30-34).

Всякое служение Господу нужно совершать с энтузиазмом и заботой, и Он вознаградит тех, кто служит с таким усердием. У автора Послания к евреям есть для нас еще ободряющие и поучительные слова:

Ибо не неправеден Бог, чтобы забыл дело ваше и труд любви, которую вы оказали во имя Его, послужив и служа святым. Желаем же, чтобы каждый из вас, для совершенной уверенности в надежде, оказывал такую же ревность до конца, дабы вы не обленились, но подражали тем, которые верою и долготерпением наследуют обетования (Евр. 6:10-12).

Духом пламенейте

Генри Мартин, верный миссионер в Индии начала 19-го века, говорил, что его сердце желало «пылать для Бога». Это отношение отражено в заявлении Павла в Римлянам 12:11, которое призывает нас пламенеть духом.

Слово «пламенеть» в греческом буквально означает «кипеть». Однако Павел использовал это слово в переносном значении. Прилежные верующие должны обладать достаточным рвением, чтобы выполнять свою работу и служение с энтузиазмом. Но им никогда не нужно доводить себя до крайности «перегрева» и выхода из себя, фанатично «закипая» в своих эмоциях.

Многие неудачи, будь то дома, на работе или в служении, являются просто результатом безразличия и отсутствия посвященности. У верующих часто бывают благие намерения, но, когда рвение отсутствует, ничего не выходит. Но честное, полноценное усердие требует решимости и настойчивости. Павел предупреждает всех, кто должен пламенеть духом: «делая добро, да не унываем, ибо в свое время пожнем, если не ослабеем» (Гал. 6:9).

Сам апостол был образцом такого рода энтузиазма. Он сказал коринфской церкви: «и потому я бегу не так, как на неверное, бьюсь не так, чтобы только бить воздух...» (1 Кор. 9:26). А в Послании к колоссянам он сказал: «для чего я и тружусь, и подвизаюсь силою Его, действующею во мне могущественно» (Кол. 1:29).

Господу служите

Полностью и однозначно посвященное служение Богу — это пятый аспект поведения, которое должно быть примером в глазах других христиан. Фраза «служите Господу» в послании к Римлянам 12:11 призывает нас проверить свои приоритеты. Она также акцентирует наше внимание на усердии и рвении. Во-первых, все, что мы делаем, должно соответствовать Писанию; и, во-вторых, не причинять урон делу Христа, но действительно приносить славу Его имени. Строгая приверженность Божьим стандартам помогает нам избежать или искоренить большую часть бесплодной деятельности в нашей личной жизни и в наших церквах.

В стихе 11 Павел использует греческое слово *douleиō*, которое описывает служение раба. Положение раба было самым низким, его существование было сосредоточено на выполнении воли его господина. Апостол Павел использовал термин «раб» в различных случаях для описания своих отношений с Иисусом Христом (например, в Рим. 1:1; Флп. 1:1; Титу 1:1). Апостол всегда понимал важность такой роли: он был призван служить Богу и проповедовать Евангелие Христа (ср. Рим. 1:9).

Господь призвал каждого верующего служить Ему с посвященностью и принципиальностью. Однако нам не нужно полагаться на свои собственные силы, чтобы сделать это, точно так же, как мы не полагаемся на собственные силы для спасения. Мы можем быть уверены вместе с Павлом в том, что духовная сила, в которой мы нуждаемся, чтобы служить Христу, также полностью исходит от Него: «для чего я и тружусь и подвизаюсь силою Его, действующею во мне могущественно» (Кол. 1:29).

Радуйтесь в надежде

Стремление к практической святости и библейской принципиальности неизбежно принесет в нашу жизнь противодействие со стороны мира, а порой и неприязнь своих по вере. Нам также предстоит испытать в той или иной степени разочарование в себе. К примеру, если в результате многих лет верного и последовательного служения Господу мы увидим очень мало ощутимых плодов наших усилий. Без надежды, о которой Павел упоминает в послании к Римлянам 12:12, мы никогда не одолеем такие препятствия.

Надежда в ее библейском понимании – именно то, чему мы можем полностью довериться. В Послании к римлянам 8:24-25 Павел говорит: «ибо мы спасены в надежде. Надежда же, когда видит, не есть надежда; ибо если кто видит, то чего ему и надеяться? Но когда надеемся того, чего не видим, тогда ожидаем в терпении» (ср. 1 Фес. 5:8; Евр. 6:17-19). Надежда не основана на принятии желаемого за действительное или просто на вероятности, это неотъемлемый аспект нашего спасения. Вне всякого сомнения: Господь запланировал спасение прежде создания мира, даровал его нам в нынешнем веке и обещает завершить его в будущем. Иисус уверяет нас: «Все, что дает Мне Отец, ко Мне придет; и приходящего ко Мне не изгоню вон…» (Ин. 6:37).

Бог дает нам много стимулов радоваться в надежде и, следовательно, продолжать жить праведно. Он обещает нам в этой нынешней жизни, что если мы «непоколебимы, всегда преуспеваем в деле Господнем», то наш «труд не тщетен пред Господом» (1 Кор. 15:58). Что касается будущего, то Бог обещает верным Ему, что для них «готовится венец правды, который даст Господь, праведный Судия, в день оный; и не только мне, но и всем, возлюбившим явление Его» (2 Тим. 4:8; ср. Мф. 25:21).

Будьте терпеливы в скорби

Такие благословенные и твердые обещания позволяют нам сохранять надежду во всех, даже в самых трудных ситуациях. Обладая принципиальностью, мы станем служить своим по вере ради их блага, и в результате будем готовы стойко переносить скорби (Римлянам 12:12), не останавливаться не перед какими препятствиями и терпеть страдания. Апостол Павел подчеркивает преимущества такой стойкости: «и не сим только, но хвалимся и скорбями, зная, что от скорби происходит терпение, от терпения опытность, от опытности надежда, а надежда не постыжает, потому что любовь Божия излилась в сердца наши Духом Святым, данным нам» (Рим. 5:3-5).

Будьте постоянны в молитве

Одна из главных причин, по которой Бог испытывает нас различными невзгодами, в том, что через это мы учимся больше доверять Ему. Ключевым аспектом того, чтобы полагаться на силу Господа, а не на свою собственную, является «постоянство в молитве».

Павел использует термин «постоянны» в послании к Римлянам 12:12, буквально «сильны в чем-то», в значении стойкости и непоколебимости. Первые христиане еще до того, как Святой Дух сошел на них в день Пятидесятницы были твердо убеждены в необходимости регулярной молитвы: «все они единодушно пребывали в молитве и молении с некоторыми женами и Мариею, Матерью Иисуса, и с братьями Его» (Деян. 1:14; ср. 2:42). Апостолы также знали важность этого принципа и были полны решимости претворять его в жизнь. Вот почему они не могли позволить себе отвлекаться на другие занятия. Вместо этого они инициировали избрание первых дьяконов: «итак, братия, выберите из среды себя семь человек изведанных, исполненных Святого Духа и мудрости: их поставим на эту службу; а мы постоянно пребудем в молитве и служении слова» (Деян. 6:3-4).

Для развития практической святости и принципиальности мы должны сделать ревностную молитву столь же регулярной и привычной, как и другие наши повседневные дела. Если мы будем держаться этой дисциплины, мы будем молиться «в Святом Духе» и «непрестанно» (Иуд. 20; 1 Фес. 5:17; ср. Еф. 6:18). Вот почему Павел наставлял Тимофея, чтобы «на всяком месте произносили молитвы мужи, воздевая чистые руки без гнева и сомнения...» (1 Тим. 2:8).

Принимайте участие в нуждах святых

Согласно законам демократической западной культуры люди имеют право владеть определенными базовыми вещами. Но в глазах Бога никто не владеет ничем, потому, что все принадлежит Ему. Мы просто распорядители тех ресурсов, которые Он доверил нам. Один из самых важных способов, которым Господь поручил нам распоряжаться вверенным нам – «помощь в нуждах святых» (Рим. 12:13), наших братьев и сестер во Христе.

Слово, переведенное как «принимать участие» в стихе 13, происходит от того самого греческого слова, которое мы часто используем в его транслитерированной форме – «койнония». Его основное значение – иметь что-то общее, состоять в партнерстве, что предполагает взаимный обмен и общение (см. Деяния 2:42, 44; 4:32). Но здесь, в контексте этого стиха, акцент делается на том, чтобы давать другим (отсюда перевод на английский – «вносить вклад»). Павел использовал ту же форму с тем же акцентом в 1 Тимофею 6:17-18, когда сказал Тимофею «богатых в настоящем веке увещевай, чтобы они не высоко думали о себе и уповали не на богатство неверное, но на Бога живого, дающего нам всё обильно для наслаждения; чтобы они благодетельствовали, богатели добрыми делами, были щедры и общительны...».

Верующие в различных македонских церквах, которым служил Павел, стремились принять участие в пожертвованиях, которые он собирал для нуждающихся христиан в Иудее. Отрывок из 2 Коринфянам, описывающий реакцию македонцев на просьбу Павла об их участии в пожертвовании, остается для нас классическим наставлением в том, как мы сами должны относиться и поступать, когда речь идет о помощи братьям и сестрам в церкви:

Уведомляем вас, братия, о благодати Божией, данной церквам Македонским, ибо они среди великого испытания скорбями преизобилуют радостью; и глубокая нищета их преизбыточествует в богатстве их радушия. Ибо они доброхотны по силам и сверх сил – я свидетель: они весьма убедительно просили нас принять дар и участие их в служении святым; и не только то, чего мы надеялись, но они отдали самих себя, во-первых, Господу, потом и нам по воле Божией… (8:1-5)

Проявляйте гостеприимство

Павел завершает свой список наших обязанностей перед верующими, говоря, что мы обязаны «проявлять гостеприимство» по отношению к другим (Рим. 12:13), особенно к христианам. Фраза буквально означает «являть любовь к незнакомцам», что указывает на то, что мы не должны просто ждать чрезвычайных или особых случаев, чтобы помочь кому-то. Вместо этого мы должны искать возможность проявить гостеприимство. Автор Послания к евреям также увещевает: «Страннолюбия не забывайте, ибо через него некоторые, не зная, оказали гостеприимство Ангелам» (Евр. 13:2).

Гостеприимство – это библейский стандарт или требование для старейшин поместной церкви (1 Тим. 3:2; Титу 1:8). Пасторы и другие церковные лидеры всегда должны быть готовы открыть свои дома и служить нуждам других. Подлинное гостеприимство также будет отличать духовно зрелых сестер в церкви (1 Тим. 5:10). Все верующие должны быть известны своим гостеприимством. Это важнейшее качество христианской принципиальности, а не случайное или необязательное дело.

Вторую часть стиха Евреям 13:2: «ибо через него некоторые, не зная, оказали гостеприимство Ангелам» нередко цитируют, чтобы побуждать к гостеприимству. Но это не точное понимание или применение фразы. Мы не должны быть гостеприимными к нашим братьям или незнакомцам только потому, что думаем, что когда-нибудь сможем встретить тех, которые являются сверхъестественными посланниками от Бога. Но реальный смысл в том, что мы никогда не узнаем всех последствий обычной помощи, оказанной с любовью. Господь хочет, чтобы мы служили, потому что мы понимаем, что это правильно и потому что в этом есть необходимость.

В Бытие 18 Авраам рассматривал свой шанс помочь трем мужам как возможность послужить, а не как способ произвести впечатление на путешественников, которые могли оказаться ангелами. На самом деле он считал честью для себя то, что они приняли его гостеприимство: «Мой Господин! если я обрел благоволение пред очами твоими, не пройди мимо раба твоего…» (ст. 3). Сначала Авраам не знал трое его гостей не были обычными людьми, но он все же вызвался помочь им.

Иисус напоминает нам, что мы всегда служим Ему, когда проявляем гостеприимство, особенно по отношению к Его слугам: «истинно говорю вам: так как вы сделали это одному из сих братьев Моих меньших, то сделали Мне» (Мф. 25:40). Если мы отвернемся от тех, кто нуждается в еде, кому нужно место для ночлега, кому нужна одежда, кого нужно посетить в тюрьме или больнице, мы фактически отвернемся от Христа (ст. 45).

Наше отношение ко всем людям

Добродетель служения незнакомцам перебрасывает мост от наших отношений с христианами к отношениям со всеми остальными людьми. Когда мы протягиваем руку помощи или добрых дел незнакомцу, этот человек может оказаться братом во Христе или неверующим. Как автор Послания к евреям, так и апостол Павел дают нам конкретные увещевания относительно нашего долга перед теми, кого мы не знаем. Прежде всего продолжим рассматривать список практических черт святости, которые были записаны Павлом в Послании к римлянам 12:14-16.

Благословляйте тех, кто преследует вас

«Благословляйте гонителей ваших; благословляйте, а не проклинайте» (Рим. 12:14) – это одно из самых трудных наставлений о практической святости. Несмотря на то, что это противоречит нашим человеческим чувствам и логике, Павел призывает нас подчиняться этому повелению. По сути, Павел вторит первоначальным наставлениям Иисуса: «Я говорю тем, кто слышит, любите своих врагов, делайте добро тем, кто ненавидит вас, благословляйте тех, кто проклинает вас, молитесь за тех, кто плохо обращается с вами» (Лк. 6:27-28; ср. Мф. 5:44).

Чтобы у нас не было искушения подумать, что слова Иисуса непрактичны и просто идеалистичны, Господь приводит конкретные примеры того, как мы должны относиться к людям, которые плохо обращаются с нами: «Ударившему тебя по щеке подставь и другую, и отнимающему у тебя верхнюю одежду не препятствуй взять и рубашку. Всякому, просящему у тебя, давай, и от взявшего твое не требуй назад» (Лк. 6:29-30).

Кроме того, Христос ожидает, что мы будем относиться к нашим гонителям как к своим друзьям. Он сказал ученикам: «И если любите любящих вас, какая вам за то благодарность? ибо и грешники любящих их любят. И если делаете добро тем, которые вам делают добро, какая вам за то благодарность? Ибо и грешники то́ же делают» (ст. 32-33).

Сам Иисус является наивысшим примером того, как благословлять гонителей. Будучи распятым на кресте, Он молился самой милосердной из всех молитв о тех, кто жаждал Его смерти: «Отец, прости их; ибо они не знают, что делают» (Лк. 23:34). Апостол Петр напоминает нам о примере Спасителя и говорит, что когда мы сталкиваемся с гонениями, то должны относиться к этому так же, как Он: «Ибо вы к тому призваны, потому что и Христос пострадал за нас, оставив нам пример, дабы мы шли по следам Его. Он не сделал никакого греха, и не было лести в устах Его. Будучи злословим, Он не злословил взаимно; страдая, не угрожал, но предавал то Судии Праведному» (1 Пет. 2:21-23).

Учитесь сочувствовать и сопереживать

Евреям 13:3 призывает нас отождествлять себя со всеми нуждающимися, и делать все возможное при помощи Духа, чтобы поставить себя на их место: «помните узников, как бы и вы с ними были в узах, и страждущих, как и сами находитесь в теле». Дело в том, что мы должны поступать с другими людьми так, как хотели бы, чтобы они поступали с нами, что фактически повторяет «золотое правило» Иисуса: «итак, во всем, как хотите, чтобы с вами поступали люди, так поступайте и вы с ними, ибо в этом закон и пророки» (Мф. 7:12).

По божественному вдохновению автор Послания к евреям переносит нас в сферу вопросов практической жизни, поскольку мы хотим быть принципиальными во всех наших отношениях с людьми. Его слова уравновешивают нашу склонность идеализировать истину и отрицать реальность боли, борьбы и жизненных невзгод. Наши собственные трудности ни в коем случае не должны быть оправданием для того, чтобы не служить другим. Вместо этого они должны побуждать нас и быть инструментами для того, чтобы лучше понимать других и помогать им.

Есть как минимум пять важных практических способов, при помощи которых мы можем сочувствовать и сопереживать другим. Во-первых, мы можем просто быть рядом с теми, кто в нас нуждается. Бывают времена, когда это может в большей мере ободрить и укрепить наших друзей, чем любые добрые слова и добрые дела.

Во-вторых, мы можем оказать кому-то непосредственную помощь. На память сразу приходит притча о добром самарянине (Лк. 10:30-37), как яркий пример помощи в физических нуждах человека через принятие на себя ответственности за его благополучие. Денежный дар филиппийцев очень помог Павлу продлить его служение в Малой Азии. Их участие стало для него большим духовным ободрением: «Впрочем, вы хорошо поступили, приняв участие в моей скорби» (Флп. 4:14).

Третий способ показать сочувствие и сопереживание – это молитва. Павел нуждался в молитвенной поддержке братьев и сестер в церкви в Фессалониках (1 Фес. 5:25;

2 Фес. 3:1), но также и сам постоянно молился за них: «для сего и молимся всегда за вас, чтобы Бог наш соделал вас достойными звания и совершил всякое благоволение благости и дело веры в силе…» (2 Фес. 1:11).

Прощальные слова апостола к колоссянам заключали в себе еще одну просьбу о молитве: «Помните узы мои» (Кол. 4:18). Они не могли навестить Павла, да и деньги ничем не помогли бы. Но он знал, что молитва верующих в Колоссах была могущественным способом поддержать его.

Римлянам 12:15 дает нам два дополнительных принципа для отождествления с взлетами и падениями в жизни других людей: «Радуйтесь с радующимися и плачьте с плачущими».

На первый взгляд, радоваться с теми, кто радуется, достаточно просто. Однако часто возникает искушение завидовать и обижаться, когда мы слышим хорошие новости о ком-то. Чужое счастье и успех могут быть достигнуты за наш счет, либо их особые обстоятельства при сравнении затмевают наши. Но Бог призывает нас проявлять радость, когда у других, особенно у христиан дела идут хорошо, независимо от того, насколько нам хочется сравнивать эти благоприятные обстоятельства с нашими собственными.

Как всегда, апостол Павел не просто установил стандарт, но и сам претворял в жизнь то, чему учил. Он наставлял коринфян: «славится ли один член, с ним радуются все члены» (1 Кор. 12:26). Позже он заверил их: «что моя радость есть радость и для всех вас» (2 Кор. 2:3).

Наконец, чтобы развивать сочувствие и сострадание по отношению к другим, мы должны иногда «плакать с плачущими». Способность сострадать имеет для верующего решающее значение, поскольку она отражает отношение нашего Господа. Мы должны быть готовы разделить боль, страдания, разочарование и различные неудачи, которые испытывают другие. Господь настолько сострадателен к нам, Своему народу, что справедливы слова пророка Иеремии: «по милости Господа мы не исчезли, ибо милосердие Его не истощилось» (Пл. Иер. 3:22). Бог проявил Свое сострадание на деле, когда Его Сын, Господь Иисус, плакал, потому что Его друг Лазарь был мертв (Ин. 11:35). И в этом случае Иисус также показал глубокое сочувствие к сестрам Лазаря, Марии и Марфе. Если мы хотим больше соответствовать образу Христа, нам придется отождествлять себя с печалью других.

Итак, Павел говорит: «итак, облекитесь, как избранные Божии, святые и возлюбленные, в милосердие, благость, смиренномудрие, кротость, долготерпение…» (Кол. 3:12). Когда мы носим бремена друг друга, сочувствуя и сопереживая, мы исполняем закон Христа (Гал. 6:2), который заключается в любви. И опять-таки Иисус является нашим непревзойденным примером для подражания: «ибо мы имеем не такого первосвященника, который не может сострадать нам в немощах наших, но Который, подобно нам, искушен во всем, кроме греха» (Евр. 4:15). Поэтому у нас нет никаких оправданий или причин не сочувствовать другим, особенно верующим, когда они в этом нуждаются.

Будьте нелицеприятны

Римлянам 12:16 начинается с повеления «будьте единомысленны между собою». Несколькими главами ниже, словно чтобы подчеркнуть важность этих слов, Павел повторяет эту мысль: «Бог же терпения и утешения да дарует вам быть в единомыслии между собою, по учению

Христа Иисуса…» (15:5). Апостол призывает нас проявлять беспристрастность во всех наших отношениях с другими, особенно с теми, кто в церкви.

Самое ясное предупреждение Нового Завета о лицеприятии вышло из-под пера апостола Иакова:

> *Братия мои! имейте веру в Иисуса Христа нашего Господа славы, невзирая на лица. Ибо, если в собрание ваше войдет человек с золотым перстнем, в богатой одежде, войдет же и бедный в скудной одежде, и вы, смотря на одетого в богатую одежду, скажете ему: «тебе хорошо сесть здесь», а бедному скажете: «ты стань там» или «садись здесь, у ног моих», то не пересуживаете ли вы в себе и не становитесь ли судьями с худыми мыслями?... Но если поступаете с лицеприятием, то грех делаете и перед законом оказываетесь (Ик. 2:1-4, 9; ср. 1 Тим. 5:21).*

Вряд ли можно было более эффективно, чем в этом тексте, сформулировать и проиллюстрировать принцип практической святости. Если мы служим нелицеприятному Богу (Рим. 2:11; ср. Деян. 10:34; 1 Пет. 1:17), то это значит, что мы должны служить другим нелицеприятно и бескомпромиссно.

Избегайте элитаризма[22]

В Послании к римлянам 12:16 Павел открывает еще один важный момент, который тесно связан с призывом быть нелицеприятным: «будьте единомысленны между собою;

---

[22] Элитаризм определяется как концепция необходимости разделения общества на элиту и массы – *Прим. ред.*

не высокомудрствуйте, но последуйте смиренным; не мечтайте о себе». Он, по сути, наставляет нас остерегаться любого искушения причислять себя к элите или руководствоваться эгоцентричной высокомерной гордостью. («Не быть надменным умом» буквально означает «не высокомудрствовать»). Если лицеприятие приводит к снисходительному пренебрежению и отторжению бедных, то неудивительно, что апостол Павел советовал нам «последовать смиренным». Дело не в том, что мы должны обязательно прекратить любое общение с состоятельными или влиятельными людьми. Но мы должны действовать в соответствии с большей обязанностью перед бедными просто потому, что они нуждаются гораздо больше.

В церкви нет места аристократии или элитной верхушке. Когда нечто подобное существует, страдает принципиальность служения. Наш Господь Иисус в наглядной и убедительной иллюстрации очень хорошо подчеркивает нашу обязанность служить нуждам самых скромных, самых обездоленных людей и общаться с ними. В следующем примере Христос не осуждает приглашение в наши дома близких, друзей или богатых людей. Он, однако, раскрывает греховность наших неправильных, корыстных побуждений, когда мы приглашаем только тех, кто может воздать нам:

Сказал же и позвавшему Его: когда делаешь обед или ужин, не зови друзей твоих, ни братьев твоих, ни родственников твоих, ни соседей богатых, чтобы и они тебя когда не позвали, и не получил ты воздаяния. Но, когда делаешь пир, зови нищих, увечных, хромых, слепых, и блажен будешь, что они не могут воздать тебе, ибо воздастся тебе в воскресение праведных (Лк. 14:12-14).

Избегайте тщеславия

Само представление о тщеславном христианине, который полагается исключительно на собственную мудрость, несовместимо с его званием. Как в церкви не должно быть места для социального элитаризма, точно так же нет места и для элитаризма интеллектуального. В заключительной фразе стиха Римлянам 12:16 апостол Павел дает всем верующим прямое повеление: «не мечтайте о себе». Это принцип не ограничивается посланием Павла к Римлянам (ср. Флп. 2:3), не ограничивается даже и Новым Заветом. В Притчах Соломон говорит: «не будь мудрым в своих глазах» (ст. 7). Предостережение против тщеславия – это устоявшийся библейский принцип, который мы не должны игнорировать.

Чтобы еще больше подчеркнуть важность этого принципа, рассмотрим классическое рассуждение апостола Павла о человеческой мудрости и мудрости Божьей:

Посмотрите, братия, кто вы, призванные: не много из вас мудрых по плоти, не много сильных, не много благородных но Бог избрал немудрое мира, чтобы посрамить мудрых, и немощное мира избрал Бог, чтобы посрамить сильное; и незнатное мира и уничиженное и ничего не значащее избрал Бог, чтобы упразднить значащее, для того, чтобы никакая плоть не хвалилась пред Богом. От Него и вы во Христе Иисусе, Который сделался для нас премудростью от Бога, праведностью и освящением и искуплением, чтобы было как написано: «хвалящийся хвались Господом (1 Кор. 1:26-31).

Когда мы стремимся верно служить Христу, жить святой и принципиальной жизнью, мы смиренно подчиняемся воле Божьей, которая содержится в Его Слове. Мы не можем быть уверены в самих себе или в нашей собственной мудрости и талантах, но только в Нем.

Наше отношение к врагам

Как мы уже отмечали, один из самых трудных и бросающих нам вызов аспектов в достижении практической святости заключается в том, как мы ведем себя по отношению к тем, кто нас преследует (Рим. 12:14). Необходимость относиться к нашим преследователям как к нашим друзьям и благословлять их буквально «как нож острый» для нашей неискупленной плоти. Безусловно, мы максимально нуждаемся в Божьей помощи и в библейском наставлении, когда дело доходит до взаимоотношений с нашими противниками. Поэтому в Римлянам 12:17-21 апостол Павел возвращается к теме 14-го стиха и подробно останавливается на ней.

Не воздавайте злом за зло

Во-первых, Павел убеждает нас «никогда не воздавать злом за зло» (ст. 17). Здесь он пытается прояснить неправильное понимание нами ветхозаветного закона, который гласит: «а если будет вред, то отдай душу за душу, глаз за глаз, зуб за зуб, руку за руку, ногу за ногу, обожжение за обожжение, рану за рану, ушиб за ушиб» (Исх. 21:23-25).

Эти стихи касались гражданского правосудия в Израиле и не применимы к личной мести. На самом деле, основная цель таких законов состояла в том, чтобы наказание было пропорциональным преступлению. Например, если кто-то был признан виновным в том, что выколол чей-то глаз, он мог потерять свой собственный глаз, но не более того.

Личные обиды, даже самые ужасные, не должны решаться местью. Будучи людьми, которые повинуются Христу во всем, мы не должны брать закон в свои руки и искать справедливости любым способом, который наиболее целесообразен или удовлетворяет лично нас. Даже светское общество в наше время в большинстве своем не приемлет «суд Линча» в любом проявлении. Вопросы правосудия должны находиться в руках установленных Богом гражданских властей (ср. Рим. 13:1-7).

Апостол Петр в своем первом послании подтверждает для нас истинность наставлений Павла о возмездии за обиды: «наконец будьте все единомысленны, сострадательны, братолюбивы, милосерды, дружелюбны, смиренномудры; не воздавайте злом за зло или ругательством за ругательство; напротив, благословляйте, зная, что вы к тому призваны, чтобы наследовать благословение» (1 Пет. 3:8-9).

Заботьтесь о добре

Во второй половине стиха Римлянам 12:17 Павел вооружает нас мощным противоядием от соблазна гневно отплатить злом за зло. Он призывает нас «пекитесь о добром перед всеми человеками». Если мы будем честно делать это, то с Божьей помощью выработаем правильное отношение к тем, кто противостоит нам.

Такое уважительное отношение заранее готовит нас к тому, чтобы ответить на зло добром, а не злом. Доброта, которую Господь ожидает от нас в таких ситуациях, должна проявляться не пассивно, внутри себя, но активно и видимым образом. Таким образом, наше исполненное благодати поведение по отношению к нашим недругам должно стать для них поразительным свидетельством, «чтобы во всем были украшением учению Спасителя нашего, Бога» (Титу 2:10).

Живите в мире со всеми людьми

Мирные отношения по определению не могут быть односторонними. Поэтому это не всегда возможно в отношениях с нашими врагами. Просто взглянув на то, что апостол Павел пишет в Римлянам 12:18: «если возможно с вашей стороны, будьте в мире со всеми людьми», мы можем прийти к выводу, что жить в мире с другими людьми — это условное повеление. По крайней мере, половина успеха зависит от отношения и реакции другого человека.

Тем не менее, условный характер увещевания Павла о мирных отношениях не означает, что это необязательно. Любой верующий, который хочет жить принципиально, не может уклониться от своей обязанности стремиться к миру в любых отношениях. Господь хочет, чтобы у нас было внутреннее желание жить в искреннем мире со всеми людьми, даже с самыми неприятными, невнимательными, враждебными и невыносимыми.

До тех пор, пока мы не преступаем библейскую границу, установленную для наших взаимоотношений с неверующими, нам необходимо делать все возможное и невозможное, чтобы строить мосты взаимопонимания с любыми людьми, даже если они ненавидят или преследуют нас. Это означает, что у нас нет права обижаться или таить на них горечь. Вместо этого мы простить их искренне и от всего сердца. Тогда мы сможем честно начать процесс поиска примирения, результаты которого зависят от Бога.

Побеждайте зло добром

Апостол Павел завершает отрывок в Послании к римлянам 12 главы об отношениях христианина с его врагами, цитируя ветхозаветную заповедь: «если голоден враг твой, накорми его хлебом; и если он жаждет, напои его водою: ибо, делая сие, ты собираешь горящие угли на голову его, и Господь воздаст тебе» (ст. 20; ср. Пр. 25:21-22).

После повторного осуждения греха личной мести (Рим. 12:19) Павел использует Ветхий Завет, чтобы поставить нас перед более трудным положительным аспектом борьбы со злом. Для того чтобы не мстить другим, все, что нам нужно сделать, — это не делать ничего. Но гораздо сложнее выйти за пределы этого пассивного отклика и воздать добрым делом за злодеяние.

Понятие собирания горящих углей на чью-то голову относится к древнеегипетскому обычаю. Желающий показать свое раскаяние публично носил на голове кастрюлю с горящими углями. Такая символика представляла собой признание боли, вины и стыда. В современном контексте, если мы с любовью заботимся о нуждах других и проявляем к ним доброту, хотя они и согрешили против нас, мы стыдим их за их злобное поведение.

Павел обобщает свое учение о наших отношениях с врагами, призывая нас не позволять злу побеждать нас: «не будь побежден злом, но побеждай зло добром» (ст. 21). Это означает, что никакое зло, причиненное нам другими людьми, не должно сокрушить нас. И что еще важнее, наши собственные злые реакции никогда не одолеют нас.

Однако ничто из этого не постигнет нас, если мы правильно расставим приоритеты. Наши приоритеты будут правильными, если мы просто будем полагаться на Божью силу, которая поможет нам достигать практической святости, относиться и поступать с окружающими согласно Писанию, о чем мы говорили ранее в этой главе. Если мы сосредоточим нашу силу в этих направлениях, у нас не останется времени, чтобы быть запуганными или побежденными тем негативом, которым нас забрасывают другие люди. В то же время мы будем в такой мере находиться под контролем Духа, что наши собственные плотские наклонности не поглотят нас и не завладеют нашим отношением к тем, кто противостоит нам. Как говорит апостол Павел в Послании к римлянам 12:21, ключ ко всем этим ситуациям – «победить зло добром».

Это подходящий вывод для точки зрения на силу принципиальности, потому что он обобщает взгляды, которых мы должны придерживаться постоянно. Мы живем в мире зла, и единственное истинное благо в нем – это то, что Бог приносит в него. А Он достигает этого прежде всего благодаря нашему верному послушанию Ему.

Сила принципиальности на самом деле проста: будьте послушны Богу, и вы увидите, как Он будет использовать вас, чтобы изменять людей вокруг вас. Противоположностью послушания является компромисс, и этим вы не сможете впечатлить никого, потому что это так характерно для людей нашего времени. Вы должны отделиться от них, чтобы по праву принадлежать к тем, кто называет Иисуса Христа своим Господом и Спасителем. Таким образом в вашей жизни исполнятся слова, которые мы поставили в начале этой книги: «Господи! кто может пребывать в жилище Твоем? кто может обитать на святой горе Твоей? Тот, кто ходит непорочно, и делает правду, и говорит истину в сердце своем…» (Пс. 14:1-2).

Итог главы

Когда мы посвящены концепции личной святости на протяжении длительного времени, это отношение проявит себя в искренней любви, практической заботе и добрых делах по отношению к другим, как верующим, так и неверующим.

Начало (выберите что-то одно)

• Какое значение несет для вас слово «обязательство»? Становится ли оно менее негативным, когда вы применяете его к семейным вопросам в отличие от проблем с работой? Почему да или нет?

• Как вы считаете, стали ли люди в общей массе более трудолюбивыми или более спокойными, чем в предыдущем поколении? Приведите несколько причин или примеров, подтверждающих ваш ответ.

Ответьте на вопросы

• Каким самым простым способом мы можем проявить братскую любовь (см. Флп. 2:3-4)?

• Чего мы должны избегать тогда, когда мы проявляем почтительность по отношению к другим верующим?

• Тяжелая работа и негативное влияние лени – это как две стороны одной монеты. В чем заключаются их различные но одинаково пагубные результаты?

• Как значение греческого слова «пламенейте» в Римлянам 12:11 помогает нам понять, о чем здесь учит Павел?

• Какие два фактора нам нужно учитывать, когда мы оцениваем наши приоритеты в служении Христу?

• Как библейское использование слова «надежда»

отличается от общепринятого в наши дни среди людей понимания этого термина (см. Рим. 8:24-25)?

• Какому важному принципу апостолы посвящали себя в такой степени, что это побудило их избрать диаконов (Деян. 6:3-4)?

• Почему вторую часть стиха Евреям 13:2 часто понимают неправильно? Как на самом деле его нужно толковать?

• Какие практические, конкретные примеры привел Иисус для того, чтобы мы знали, как относиться к тем, кто плохо обращается с нами (Лк. 6:29-30)?

• Перечислите три из пяти возможных практических способов, как мы можем сочувствовать и сопереживать другим. Какие места Писания подтверждают ваш ответ?

• От чего предостерегает Павел в заключительной фразе Римлянам 12:16? Есть ли другие места Писания с подобными предостережениями?

• Что означает текст Исход 21:23-25 и как это применимо для верующих сегодня?

• Что означает «собирать на голову горящие угли» (Рим. 12:20)? Какой отрывок из Ветхого Завета относится к этому стиху?

Фокусируясь на молитве

• Подумайте о высказывании Френсиса Шеффера в начале этой главы. Просите Господа сделать вас в большей мере похожим на верующего, о котором там говорится.

• Молитесь за человека, который работает вместе с вами или учится в школе, с которым у вас не складываются отношения. Просите Бога показать вам практический способ проявить любовь к этому человеку.

Применяя истину

Выучите наизусть Римлянам 12:10-13, попросите вашего верующего друга или родственника, вы могли отчитываться ему в процессе изучения.

Другие книги автора вы можете приобрести в магазине legere.ru

под. ред. Джона Мак-Артура, Ричарда Мейхью
Библейское учение

Эта книга – плод почти 50 лет служения библейской проповеди. Джон Мак-Артур с Ричардом Мейхью ясно излагают ортодоксальное протестантское богословие, опираясь на тщательную грамматико-историческую экзегезу, и защищают креационизм молодой земли, кальвинистскую сотериологию, крещение по вере, правление пресвитеров, комплементаризм, цессационизм и диспенсационализм. Книга адресована преподавателям и студентам семинарий и библейских школ, проповедникам и учителям поместных церквей, а также всем, изучающим Писание. Издание содержит подробный указатель и обширную библиографию.

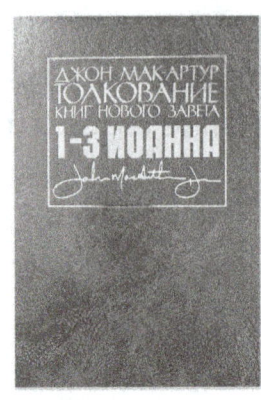

Джон Мак-Артур
Толкование книг Нового Завета: 1-3 Иоанна

Серия комментариев к Новому Завету отражает главную цель разъяснения и применения Писания. Некоторые толкования в первую очередь лингвистические, другие – в основном богословские, а третьи – преимущественно назидательные. Этот комментарий – в основном разъяснительный. Он не лингвистический в целом, но в нем используется лингвистика, когда она помогает прийти к правильному толкованию. Он не последовательный и глубокий с богословской точки зрения, но сосредотачивается на основных догматах каждого текста и на их связи со всем Писанием. Он не назидательный в первую очередь, хотя каждая тема рассматривается в основном в отдельной главе, с четким планом и логическим течением мысли. Большая часть истин иллюстрируется и применяется с помощью других мест Писания. Установив контекст отрывка, я пытался внимательно следить за развитием мысли и рассуждениями автора.

Джон Мак-Артур
Толкование книг Нового завета: 2 Петра, Иуды

Толкование Нового Завета продолжает оставаться для меня наградой и Божественным общением. Моей целью всегда было тесное общение с Господом посредством понимания Его Слова и, на основании этого опыта, разъяснение значения того или иного отрывка народу Божьему. Говоря словами Неем. 8:8, я стараюсь «присоединять толкование» к тексту из Слова Божьего, чтобы люди могли истинно слышать, что Бог говорит им, и отвечать Ему.

Джон Мак-Артур

Проповедь: как проповедовать по-библейски

Обновленный вариант издававшей-ся ранее книги Джона Мак-Артура-младшего «Возвращение к разъясни-тельной проповеди» (СПб.: «Библия для всех», 2001). Сборник статей о принципах подготовки и изложения проповеди, разъясняющей текст Библии. Для студентов богословских дисциплин, а также для проповедников, за-нимающихся самообразованием.

Джон Мак-Артур
Отмирающая совесть

Книга знаменитого американского проповедника призвана напомнить каждому человеку и обществу в целом о вопиющей порочности греха. Автор обличает современные теории о самоуважении и настаивает на необходимости покаяния. Именно это позволит нам не ощущать своей греховности и чувства вины и даст возможность обрести покой и свободу.

Джон Мак-Артур
Благовествование Христово

Эта книга почти четыре года занимала мои мысли и большую часть моего времени. И люди, желающие знать, где и когда можно ее купить, засыпали меня вопросами. Они часто ссылались на нее как на «книгу о Господстве Христа в спасении», «книгу о Евангелии», или «книгу о евангелизации».

Книга разбирает эти темы, но с самого начала моей основной целью было не только представить мою сторону в споре или защититься против оппонентов, но скорее взглянуть честно и проникновенно на проповедь Христа и Его методы евангелизации. Исследование этого вопроса так пронзило мое сердце и сформировало мой подход к служению, что я старался сделать все, чтобы напечатать ее.

Джон Мак-Артур
Учебная Библия

Зачем писать учебную Библию? Ответ на этот вопрос вытекает из разговора между Филиппом и эфиоплянином в Деян. 8:30-31 Филипп подошёл и услышав, что он читает пророка Исайю, сказал: «Разумеешь ли, что читаешь?» Он сказал: «Как могу разуметь, если кто не наставит меня?» И попросил Филиппа взойти и сесть с ним.

Мне хотелось бы помочь читателю понять Священное Писание, подобно тому, как Филипп помог евнуху. Учебная Библия даёт мне такую возможность.

Хотя я лично несу полную ответственность за все пояснения в этой учебной Библии, ибо они шли от меня и через меня, работа такой важности, требующая предельной точности, не могла бы быть выполнена надлежащим образом без коллектива преданных сотрудников, посвятивших себя этому большому проекту и стремившихся к высокому качеству в работе. Этот коллектив состоял из многих людей — и все они заслужили похвалы и благодарности.

Джон Мак-Артур

СИЛА ПРИНЦИПИАЛЬНОСТИ
Жизнь без компромиссов

Перевод с английского: О. Калына
Редактор: Р. Куропаткин
Верстка: Д. Петинина
Дизайн обложки: М. Литвинова

Религиозное издание

The Master's Academy International
www.tmai.org
publishing@tmai.org

www.ingramcontent.com/pod-product-compliance
Lightning Source LLC
Chambersburg PA
CBHW061735120626
46550CB00005B/1802